DE L'AFRIQUE

FRANÇAISE.

PAR F. D. L. L.

Bruxelles,

SLINGENEYER JEUNE, IMPRIMEUR,

RUE DE L'ÉVÊQUE, N° 30,

ET CHEZ L'AUTEUR, RUE COPPENS, N° 2.

1838.

De l'Afrique

FRANÇAISE.

DE L'AFRIQUE

FRANÇAISE,

PAR F. D. L. L.

CHEZ SLINGENEYER JEUNE, IMPRIMEUR,

RUE DE L'ÉVÈQUE, N. 30,

ET CHEZ L'AUTEUR, RUE DE COPPENS, Nº 2.

—

1833.

AU LECTEUR,

Depuis trois cents ans la piraterie organisée dans tous les ports qui, de Tanger
à Tripoli, existent sur la côte méridionale
de la Méditerranée, avait fermé tout accès
à la civilisation dans cette partie de l'Afrique, la plus voisine des Etats européens. Les
mœurs farouches et inhospitalières des habitants et la forme de gouvernement établie dans les trois régences qui se parta-
geaient cette vaste étendue de pays, empê-
chaient plus sûrement les étrangers d'y
aborder et de pénétrer dans l'intérieur que
ne le fesaient les affreux et stériles déserts
qu'y trouve le voyageur. Sans protection de

la part des gouvernements et de leurs
agents, de la part des innombrables tribus
nomades éparses sur ce sol veuf de tant de
cités anciennes et célèbres, les étrangers
qui s'aventuraient dans cette redoutable
Tauride, étaient à la merci du premier
Musulman qu'offusquait leur présence. La
religion mahométane avec tout le fanatisme qu'elle peut inspirer, et, de plus,
l'oubli des lois de l'humanité et des droits
des nations, repoussaient de ces bords
l'Européen que le commerce ou le désir
d'explorer et de connaître l'intérieur du
pays, engageait à les visiter. Le despo-
tisme destructeur et l'esclavage avec ses
chaînes de fer s'y offraient dans toute leur
horreur. Un tyran qui n'avait de puissance que pour le mal, et que créait le caprice d'une soldatesque sans discipline, qui
par un autre caprice se défesait du maître qu'elle s'était donné ; des sujets d'autant plus ennemis des agents du despote
qu'ils en étaient plus opprimés et vexés ;
l'absence de tout lien social entre les habitants, voilà ce qui frappait l'esprit, dès
qu'on arrivait à Alger, à Tunis et à Tripoli.

Un concours de circonstances inespérées est venu changer la face des choses sur tout le littoral de la Barbarie. Avec l'occupation d'Alger par les Français a cessé la piraterie à Tunis et à Tripoli, et désormais les pays sur lesquels les pirates fesaient le plus souvent des descentes, n'ont plus rien de semblable à redouter.

C'est un événement dont toute la chrétienté ne peut que se féliciter. J'ai cru qu'il serait intéressant de faire connaître l'état des pays que les armées françaises ont conquis. J'ai rapporté ce qu'ils avaient été avant la conquête et ce qu'ils sont aujourd'hui. J'ai essayé de prouver aux personnes qui craignent sans cesse que la possession de l'Algérie n'amène une collision entre l'Angleterre et la France, que les engagements supposés exister de la part du gouvernement de cette dernière puissance envers la première, ont toujours été démentis par le ministère français sans que le cabinet de Londres ait relevé ce désaveu. Ç'a été le principal but de mon travail; je souhaite l'avoir atteint.　　　　F. D. L. L.

POSSESSIONS FRANÇAISES

LE NORD DE L'AFRIQUE,

DEPUIS LES TEMPS ANCIENS JUSQU'À NOS JOURS.

Les Français viennent par la prise de la ville la plus considérable et la plus forte de l'intérieur de l'Algérie, d'acquérir un boulevard qui peut leur assurer la tranquillité dans leurs nouvelles possessions en Afrique.

En se bornant à l'occupation de quelques ports sur la Méditerranée, ils avaient jusque-là toujours eu à craindre de soudaines attaques de la part des Arabes et des Maures, et il leur était difficile de ne pas en souffrir, eux et leurs alliés. Les lieux où les garnisons étaient placées étaient trop éloignés les uns des autres, pour qu'au cas de l'attaque de l'un, les garnisons des autres pussent assez promptement et assez efficacement secourir le point menacé.

Les malheureux évènements de Bone étaient là pour servir d'exemple du danger des occupations momentanées. Dans les premiers jours de la conquête d'Alger, les habitants de Bone avaient bien accueilli les Français ; mais ceux-ci abandonnèrent bientôt la ville et l'instant de leur embarquement fut le signal du pillage des maisons et du massacre de ceux qui s'étaient montrés leurs partisans. Force a donc été pour les Français de s'emparer de nouveau de ce port. Cela n'a pas réparé le mal ; il était fait et sans remède.

Les habitants d'Oran, à l'autre extrémité de l'Algérie, avaient craint le sort de Bone ; mais les Français loin de sortir de leur ville, s'emparèrent du port d'Arzew et de Mostaganem ; ce qui plus tard amena une espèce de traité de paix et d'amitié avec Abd-el-Kader, Émir de Maskharah, qui plus tard en a conclu un second qu'il n'a pas encore rompu.

Pour mettre sous les yeux de nos lecteurs et l'état du pays conquis par les Français et les événements dont il a été le théâtre, avant et depuis qu'ils s'en sont emparés, nous exposerons d'abord les causes qui ayant amené une rupture entre le gouvernement Français et le Dey d'Alger, ont ensuite forcé la France à détruire ce repaire de pirates, et à venger la chrétienté des longs outrages et des maux que ces barbares lui avaient faits.

Le consul de France avait, dans une audience du Dey, reçu de ce prince en 1828, des coups d'un large éventail qu'il tenait à la main, et avait été chassé de sa présence. A la nouvelle d'un traitement si répréhensible et si offensant pour le gouvernement français, le consul avait reçu l'ordre de quitter Alger et après son départ le Dey avait, par le ministère du Bey de Constantine, fait détruire les établissements français à la côte d'Afrique, dans la partie dépendante de ce beylik. Le fort La-Calle fut donc évacué par les Français et ensuite détruit de fond en comble.

Comme si le Dey eût à cœur de justifier la vengeance que la France avait à tirer de son inconvenante conduite, il fit tirer à la sortie du port sur le bâtiment qui ramenait un envoyé du gouvernement français chargé d'essayer encore en 1829 les voies de la conciliation.

Obligée de recourir à la force pour obtenir une juste satisfaction de semblables offenses, la France fit équiper une flotte de plus de 200 bâtiments, qui le 14 juin 1830 débarqua dans la baie de Sydi-Ferruch, à l'Ouest d'Alger et à environ cinq heures de marche de cette capitale, une armée de plus de trente-six mille hommes. Dès le 19, Ibrahim, gendre du Dey, fut battu à Staouli, position à environ 2 heures de marche en avant de Sydi-Ferruch, et les troupes ne trouvèrent plus de résistance sérieuse jusqu'à leur arrivée sous les murs d'Alger. Le 4 de juillet, les batteries de siège commencèrent le feu, et le 5, d'après une convention, le fort de la Casauba (la citadelle) fut remis aux Français. Ainsi fut décidé en moins d'un mois le sort d'une ville qui avait pendant plus de 250 ans bravé les menaces de tous les états chrétiens et que n'avaient pu corriger les châtiments que quelques-uns lui avaient de temps à autre infligés, notamment la Grande-Bretagne en 1816. Avec l'extinction de la domination musulmane à Alger a disparu la piraterie organisée dans cette régence. La Méditerranée n'est plus témoin des brigandages si longtemps exercés sur ses côtes, et les populations qui en sont voisines ne craignent plus de se voir enlever à l'improviste pour aller vivre dans l'esclavage et dans les fers sous la dépendance d'un barbare entièrement maître de leur existence.

Le Dey d'Alger quitta le pays le 17 du même mois dans lequel les Français étaient entrés dans la ville.

La révolution de 1830 fit que le gouvernement qui en sortit s'empressa de remplacer le général de l'armée expéditionnaire, sur lequel il ne croyait pas pouvoir compter, par un autre officier supérieur qui fût dévoué au nouvel ordre de choses, et le général Clauzel, embarqué le 27 août sur le vaisseau l'*Algésiras* arriva devant Alger le 2 de septembre.

Il était temps qu'il y eût sur les lieux à la tête de l'armée française un homme qui veillât à la conservation de la conquête et au salut des différents corps de l'armée détachés sur la côte.

Le général Clausel à son arrivée dans la rade d'Alger adressa à l'armée le 4 de septembre une proclamation dans laquelle il l'instruisit de la révolution de juillet et du placement de la seconde branche de la famille royale sur le trône.

Dès la veille le général Bourmont était parti et l'ex-Bey Husseyn voyageait en Europe.

La conquête de la ville était faite; mais il restait presque autant à faire. La différence du langage et des mœurs, celle de religion, le passage subit sous une autre domination, étaient autant d'obstacles à l'établissement de promptes et franches communications entre les deux peuples.

Pour ne pas blesser les susceptibilités des Algériens, il n'était entré que deux régiments dans la ville et ils avaient non seulement respecté les propriétés, mais le domicile même de chaque habitant. Aucun soldat n'y était entré.

Le général Clausel forma de nouveaux corps militaires composés d'indigènes, qui depuis ont rendu d'importants services; il organisa les différentes administrations et les autres genres de services. Il reçut les envoyés du Dey de Tunis, qui l'assurèrent de la bienveillance et de l'amitié de leur souverain. C'était déjà un grand obstacle de moins à l'occupation paisible d'Alger et aux progrès qu'il fallait nécessairement faire. Le Bey de Titeri, l'un des cinq qui dépendaient auparavant de la régence d'Alger, avait fait sa soumission. On pouvait donc espérer d'avoir le temps de faire tous les réglements nécessaires pour l'administration du pays conquis ; mais on s'était emparé du port et de la ville de Bone, sans qu'il y eût eu nécessité et on les abandonna de même peu après; ce qui causa des malheurs inouis aux habitants qui s'étaient empressés de faire un bon accueil aux Français. Dès lors on put reconnaître qu'il ne fallait pas trop se fier aux promesses des Beys et des chefs de tribus qui, les uns pour être délivrés de la domination du Dey d'Alger, les autres par la stupeur dont les avait frappés la rapidité des succès des Français, s'étaient montrés assez bien disposés en leur faveur. Le Bey de Titeri fit des menaces et adressa une déclaration de guerre aussi absurde que ridicule. Celui de Constantine excita les tribus d'Arabes, voisines de Bone, à punir les habitants de cette ville; enfin bientôt les Français ne virent plus que des ennemis autour d'eux et ils furent comme renfermés dans les murs d'Alger.

Cette situation ne pouvait durer, et quoique l'on eût ajourné la reprise de Bone, on s'empara d'autres points sur la côte de l'Est. On s'avança d'Alger vers le sud et après avoir fait des excursions dans la plaine de Mitidja, on parvint sinon à se concilier les Arabes de Coléah, de Midéah, de Bouffarick, à établir du moins avec eux des relations commerciales, ce qui présentait des avantages pour la subsistance des troupes. Le Bey de Mascarah, Ab-del-Kader, et celui de Constantine, Achmet, qui vient de perdre sa capitale, tentaient à l'envi l'un de l'autre de se rendre maîtres de la ville de Midéah située à égale distance de leurs résidences, tandis que d'un autre côté cette ville réclamait le secours et la protection des Français. Force fut donc à ceux-ci de faire de petites guerres pour protéger efficacement leurs alliés, et c'est ce qui se renouvela au sujet de la ville de Bélida et du marché de Bouffarick situé entre cette dernière ville et Alger.

L'armée d'expédition se trouvait alors considérablement diminuée. Outre quatre mille hommes morts sur le champ de bataille ou de maladies, il en était rentré en

France environ dix-sept mille en bonne santé ou encore malades. Mais lorsqu'il fut jugé nécessaire de s'étendre et d'occuper d'autres points sur les côtes, tels que Oran, Arzew, Mostaganem, Mers-el-Kibir, à l'Ouest, et à l'Est Bougie, la Calle et Bone, on reçut de France de nouveaux renforts. L'Algérie avait aussi changé de gouverneur, et au général Clausel ont succédé le duc de Rovigo, le comte d'Erlon, et puis le général Clausel, devenu maréchal de France a de nouveau gouverné l'Algérie, et y a resté jusqu'à la malheureuse tentative qu'il a faite contre Constantine vers la fin du mois de novembre 1836.

Le général Damrémont qui longtemps avait été chargé du commandement de la ville d'Alger, et qui vient de trouver un tombeau dans la conquête de Constantine, avait remplacé le maréchal Clausel.

Le duc de Nemours avait fait partie de la première expédition contre Constantine; il s'est glorieusement distingué dans la dernière et il n'est avec son frère, le prince de Joinville, qui l'avait rejoint dans Constantine, sorti de cette ville que l'un des derniers officiers supérieurs dont la présence n'a pas été jugée nécessaire sur les lieux.

Le prince royal avait aussi voulu partager les dangers et les fatigues des soldats qui en décembre 1836, s'emparèrent de Maskharah, capitale du Beylik d'Abdel-Kader. Ainsi déja trois fils du roi des Français ont paru sur le théâtre de la guerre en Afrique.

La paix conclue à l'Ouest par Abdel-Kader, d'abord avec le général Desmichels et en dernier lieu avec le général Bougeaud, représentant le gouvernement français, assure la tranquillité dont les possessions françaises dans cette partie ont besoin pour parvenir à un état prospère.

Au centre des vastes pays qu'ils ont conquis pied à pied et par la nécessité de se mettre à couvert des surprises et des attaques incessantes des Kabyles et d'autres tribus arabes toujours hostiles quand elles peuvent l'être impunément, les Français ont étendu leur domination jusqu'à plus de 12 lieues au-delà d'Alger, et l'occupation des ports de Bougie, de la Calle et de Bone à l'Est d'Alger, en rendant faciles les communications entre les garnisons qui occupent ces places, aurait dû faire pressentir au dernier Bey de Constantine que la continuation de ses hostilités forcerait les Français à reprendre leur revanche de la perte qu'ils avaient faite sous les murs de sa capitale en novembre 1836.

Le camp retranché de Guelma qu'Achmet n'a pu ni forcer ni enlever quoiqu'il ait eu plus de six mois pour faire tous les préparatifs qu'exigeait une telle entreprise, plaçait au centre de sa province une avant-garde qu'il eût dû écraser, s'il en avait eu le pouvoir; mais ce qui prouve la supériorité de la civilisation, de la discipline et de l'intelligence du militaire européen sur la fougue et l'ignorance des Maures et des Arabes qui habitent cette partie de l'Afrique, c'est que depuis que les troupes françaises se sont emparées d'Alger, elles ont dans les mille combats qu'il leur a fallu livrer aux tribus qui les ont sans cesse inquiétées, remporté la victoire, quoique bien inférieures en nombre aux ennemis qui se présentaient devant elles.

Aujourdui la possession de Constantine, place la plus forte du pays par son assiette, et qui ne leur a résisté que six jours, puis que les troupes arrivées le 6 octobre sous les murs de la ville y sont entrées le 13 (1), lie le systême de défense que l'armée française peut établir entre ses ailes et son centre placé à Alger qui se trouve au milieu des points occupés.

En allant à l'Est d'Alger à Bone, les possessions françaises ont environ 95 lieues d'étendue, et les principaux points que les troupes y occupent sont, sur la côte, Bougie ville et port à l'embouchure de la Zovah et à 35 lieues d'Alger; plus à l'Est Bone à environ 60 lieues de Bougie. Entre ces deux places est au fond d'un golfe qui s'avance dans les terres le port de Stora d'où partait une chaussée romaine aboutissant peut-être à Constantine et de laquelle il reste encore quelques traces. Si de Bone à Constantine le trajet est de 40 lieues, il ne serait pas de plus de 22, au cas que l'on rétablit la chaussée. Il y aurait encore un autre avantage plus précieux, c'est qu'en fortifiant Stora, le port ne manquerait pas d'offrir beaucoup plus d'avantages que celui de Bone, et les troupes qui y seraient, tiendraient en bride les tribus arabes voisi-

(1) Ce jour correspond au 13 du mois Regieb, qui tombait le vendredi, et qui est, dans le calendrier des Turcs, mis au nombre des jours heureux.

nes qui ont toujours été presque indépen-
dantes. Constantine également à l'Est
d'Alger, mais plus au Sud, devient par la
garnison qu'y tiendront les troupes françaises la garantie de la soumission et de la
tranquillité des tribus placées entre cette
ville et la côte. Dès lors à mesure que se
multiplieront les communications entre les
Français et les indigènes, grandira en même
temps l'influence des premiers sur la civilisation de tout le pays. Les malheureux qui
fesaient naufrage sur les côtes y trouveront
des secours au lieu d'être dépouillés ou mas-
sacrés, et les voyageurs qui parcourront
l'intérieur, le feront désormais sans danger.

L'Etat de paix et de bonne amitié qui a
jusqu'ici subsisté entre la France et la Régence de Tunis, ne laisse rien à craindre
pour les possessions françaises à l'Est
d'Alger.

A l'Ouest de cette capitale, le traité de
paix conclu par le général Bougeaud avec
Abd-el-Kader, Emir de Maskarah et de
Tlemsen, le 30 mai 1837, ratifié le 15 juin
par le roi des Français, assure à ces derniers
la possession de Marsalkebir, d'Oran,
d'Arzew, de Mostaganem et Masagran, avec

2.

une étendue de territoire de plus de 75 lieues sur les côtes et de 10 à 15 lieues de profondeur dans les terres.

Voilà le point où, depuis que le 5 juillet 1830, les Français sont entrés dans Alger, sont parvenus les progrès successifs qu'ils ont faits au prix d'innombrables combats et d'engagemens meurtriers qu'il leur a fallu livrer, d'abord pour assurer leur tranquillité dans les villes qu'ils occupaient, et ensuite pour venger les assassinats commis sur leurs compatriotes à quelques pas de leurs murailles.

Quel était l'état des pays qu'occupent maintenant les Français sur la côte septentrionale de l'Afrique, avant que les Maures et les Arabes mahométans en fussent les maîtres ? quel a-t-il été depuis l'invasion des Arabes jusqu'à l'occupation des Français? C'est ce que nous allons examiner. Ces contrées ont été depuis plus de dix siècles si peu parcourues par des voyageurs intelligents que les détails géographiques sur la position des lieux que connaissaient parfaitement les Anciens, manquent même dans les ouvrages les plus estimés entre ceux publiés de nos jours sur les états barbaresques.

La Mauritanie et la Numidie avaient depuis longtemps des rois, lorsque les Romains amenés dans cette partie de l'Afrique, maintenant connue sous le nom de Barbarie, par leurs querelles et leurs guerres avec les Carthaginois alors maîtres d'une autre partie désignée sous le nom d'Afrique propre et dont Tunis, depuis la destruction de Carthage, est aujourd'hui la ville principale, eurent tour-à-tour pour ennemis et pour alliés les rois de ces deux pays. Scipion l'ancien, surnommé l'Africain, détacha Syphax, roi de Mauritanie, et Massinissa, roi de Numidie, de leur alliance avec les Carthaginois, et Scipion le jeune qui, 116 ans avant l'ère vulgaire renversa Carthage et reçut pareillement le surnom d'Africain, maintint Micipsa, fils et successeur de Massinissa, dans l'alliance de Rome.

Lorsque Jules-César passa en Afrique pour y détruire les partisans de Pompée, à la tête desquels se trouvaient Caton, Métellus-Scipion, beau-père de Pompée, et le roi Juba descendant des anciens souverains de Numidie, il les vainquit en un seul jour et acquit à la république romaine tout le territoire qui de Carthage s'étend jusqu'à

Tanger. De là en vint la division en Mauritanie-Césarienne et Mauritanie-Tingitane.
Cette dernière avait composé le royaume
de Bogud et présentement elle fait partie de
l'empire de Maroc.

Le premier gouverneur de Numidie ou
Mauritanie-Césarienne, fut l'historien Salluste qui a écrit la guerre de Jugurtha contre
les Romains. Ce prince qui par le meurtre des
deux fils du roi Micipsa, ses cousins, avait
réuni sous sa domination toute la Numidie,
lutta contre les armées romaines jusqu'à
ce que Bocchus, son beau-père, roi de Mauritanie, l'eût perfidement livré au fameux
Sylla, alors questeur du consul Marius.
Salluste n'a donné qu'une description im-
parfaite de la Numidie, parce qu'il n'a cité
que les places assiégées ou prises par les
Romains, tandis que dans les cartes de
l'empire, dressées postérieurement et sous
les empereurs, le nombre des villes et des
lieux importants dont ce pays était rempli, est réellement étonnant.

Lorsque Auguste fut devenu le seul maître du vaste empire romain, il nomma Juba,
le jeune, roi d'une partie des deux Mauritanies et lui fit épouser Cléopâtre, fille de

Marc-Antoine et de la fameuse Cléopâtre, reine d'Egypte. Ce nouveau royaume n'eut pas une longue durée. Ptolémée, fils et successeur de Juba le jeune, fut en l'an 40 de l'ère vulgaire, mis à mort par son cousin l'empereur Caligula qu'avait autant blessé la pourpre dont était revêtu le jeune prince que ses richesses lui causaient d'envie. Rome se trouva donc encore maîtresse des deux Mauritanies.

L'Empereur Auguste, dans le partage qu'il fit des provinces, 27 ans avant l'ère vulgaire, avait compris la Numidie dans le nombre de celles dont le sénat nommerait les gouverneurs.

L'Empereur Adrien comprit sous un seul gouvernement l'Afrique propre, la Numidie et la Mauritanie.

Et enfin dans la division que l'empereur Constantin le grand, fit de l'empire en grandes préfectures et vicariats, la Numidie, l'Afrique propre et toute la Mauritanie dépendirent du préfet du prétoire d'Italie.

Les Français ne possèdent pas le tiers des pays qui en Afrique dépendaient de l'empire romain.

Voici quelles étaient alors les principales

villes et les lieux dont on connait encore l'emplacemeut, dans les pays maintenant occupés par les troupes françaises.

L'Algérie actuelle fesait partie de la Mauritanie Césarienne qui à l'Ouest s'étendait jusqu'auprès de la ville de Rusadir connue aujourd'hui sous le nom de Mélilla, ou mieux jusqu'au fleuve Malva, et à l'Est jusqu'à la Numidie dont nous parlerons ensuite, et dont elle était séparée par le fleuve Ampsaga (le Oued-el-Kebir).

La capitale de la Mauritanie-Césarienne était Iol, résidence du jeune Juba, qui par respect pour César-Auguste l'appela Césarée. Tous les renseignements pris et connus sur la situation de cette ancienne ville et sur les restes qui en subsistent encore, portent à croire que Shershell situé à l'Ouest d'Alger occupe l'emplacement de Césarée: Shershell fesait partie de la province Algérienne de Tenez.

A l'embouchure de la Tafna, que l'on croit répondre à la rivière jadis connue sous le nom de Siga, était une ville de ce nom, capitale du roi Syphax et ensuite du roi Bocchus. C'était la dernière place à l'Ouest. On présume que Tackumbreet est sur l'emplacement de l'ancienne Siga. On l'a placée aussi à l'endroit occupé par Haresgol ou Ned-Roma.

La ville de Tenis qui porte aujourd'hui le nom de Tlemsen, est celle que la France a rendue à Abd-el-Kader par le traité du 30 mai dernier. Elle a été appelée aussi du nom de Regiæ, sans doute parce qu'elle aura été le séjour de quelques rois. Il y a aussi la petite ville de Tenez, à une demi-lieue de la mer.

Merselkebir ou Marsalquivir, fort et l'un des meilleurs ports d'Afrique, est tout pro-proche d'Oran. Cette dernière ville nommée anciennement Portus Divini, peut être à raison de la bonté de son port, a été mainte fois prise par les Espagnols et reprise par les Algériens. C'est une des villes les plus peuplées de la côte. Elle fesait partie des Etats de Bocchus.

A environ 12 lieues d'Oran est la ville d'Arzew dont le port est l'un des plus vastes et des plus fréquentés de la Méditerranée; mais quoique l'on en exportât naguère beaucoup de céréales, la population n'en a depuis longtemps pas été considérable. Sous la domination des Romains elle d'Arzew était devenu le débouché principal du commerce illicite des Kabaïles dont est peuplée la côte, depuis la limite de la province d'Oran jusqu'à Tanger.

A l'Est d'Arzew et sur la même baie est l'ancienne Murustaga, nommée maintenant Mostagan ou Mostaganem, à environ treize lieues d'Arzew. Cette ville s'élève en amphithéâtre sur le bord de la mer. Elle est défendue par une citadelle bâtie sur une haute montagne. Le port à l'embouchure du Schellif, nommé anciennement le Chinalaph, en est sûr, les campagnes en sont fertiles et agréables. Elle est à 25 lieues de distance d'Oran et de Tenez.

Un des premiers soins du général français qui vint commander à Oran, fut de se mettre en rapport avec le Caïd d'Arzew, et d'établir des relations de commerce avec les habitants. L'occupation d'Arzew était d'autant plus importante que c'était un moyen d'étendre les relations jusqu'à Mostaganem, qui etait alors occupé par une garnison de Turcs et de Coulouglis ayant fait partie de la milice de l'ex-bey d'Oran ; mais il fallait que les Français fussent fortement établis à Oran avant de songer à l'occupation

d'Arzew et de Mostaganem. Le 4 juillet
1833 Arzew fut occupé et Mostaganem le
fut peu après. Cette dernière place est devenue le chef lieu d'un Beylick sous le commandement d'un Arabe nommé par le gouvernement français. Elle est quelquefois
nommée simplement Mostagan et semble
occuper l'emplacement de l'ancienne Car-
tenna, située près de l'embouchure du Shellif,
rivière qui a un cours de plus de cent lieues
et dont il serait possible de tirer de grands
avantages en la rendant navigable jusqu'à
une certaine hauteur. Les salines à deux
lieues d'Arzew sont d'un grand produit.
Cette ville a été aussi désignée sous le nom
d'Arsenaria. Les eaux n'en sont pas, dit-on,
fort bonnes; elles sont un peu saumâtres.

Au-delà du Shellif est située dans l'intérieur du pays l'ancienne ville de Maliana;
dont le nom actuel Méliana est peu altéré.
Elle est éloignée d'environ trois lieues de la
ville d'Herba, l'ancienne *Oppidum novum*,
située près des bords du Shellif, et sur la
route qui conduisait de Regiæ ou Tlemsen
à Ruscurru près d'Alger. Les stations sur
cette longue route sont indiquées sur les
anciennes cartes en allant de Regiæ à

Tasagora où quelques géographes ont placé la Tlemsen moderne, et leur opinion a quelque fondement : car Tasagora, comme Tlemsen, est à **35°** de latitude septentrionale ; mais Tasagora est par **3° 12'** de longitude occidentale (de Paris) et Tlemsen n'en est placée qu'à **2° 50'**. La seconde station était à Castra-Nova d'où l'on se rendait successivement aux endroits suivants : Ballene-Præsidium, Mina, Gadaum-Castra, Vagal, Castellum-Tingitanum, Tigavas-Municipium, Oppidum-Novum que nous avons cité, en deçà du Cinalaph (Shellif) et au delà, Tigavas-Castra, Maliana (Méliana), Succabar, Velisci, Tanaramusa, Tamaricetum, Rapida-Castra d'où l'on arrivait à Ruscurru, et de cette ville partait une autre route conduisant à Tubusuptus et de là à Sitifi, capitale de la Mauritanie *Sitifensis ;* des embranchements de cette route conduisaient dans un grand nombre de villes du Sud de la Numidie et en d'autres, vers Igilgilis (Gigeri) et vers Cirta (Constantine), capitale de toute la Numidie, d'où jusqu'à Hippo-Regius (Bône) les stations étaient Castellum Fabatianum, Tibilis près d'Aquæ Tibilitanæ, à quelques lieues au nord de Calama (Ghelma), et villa Serviliana.

Des bâtiments ont fait ce trajet en deux jours.

Cette ville, dit un voyageur, s'offre à celui qni vient de France, comme une reine de la mer qui la baigne, blanche et étagée en amphithéâtre, entourée de belles maisons de campagne à droite et à gauche. Une baie, un port bien garni de mâts et de vergues, des fortifications nombreuses et par-dessus tout, le beau pavillon du soleil africain, attachent les affections du Français qui y aborde, à cette terre qui doit rester à la France. La largeur des rues varie de 3 mètres à o. m. 50; la plupart ont à peine un mètre. Elles sont tortueuses et offrent plusieurs impasses; les premiers étages des maisons s'avançant de part et d'autre, on est à l'abri de la pluie, du soleil, mais aussi presque sans lumière. Les maisons sont toutes bâties sur le même modèle; sur la rue rarement une fenêtre, mais quelquefois des lucarnes. Sur la cour qu'entourent les appartements, un cloître carré tant au premier qu'au rez de chaussée, orné de colonnes torses en briques ou en marbre, et d'arcades en ogives à arcs de cercle, ce qui choque un amateur d'architecture gothique. Une terrasse couronne ces constructions

3.

dont les murs sont faits de briques et de boue, épaisses de o. m. 4. c. au plus, et blanchis à la chaux d'année en année ; cela ressemble aux habitations des anciens ; une vie publique au café et point d'agrément dans le chez-soi.

L'aspect intellectuel de cette ville est presque tout aussi singulier. On y rencontre des Maures aux traits moulés sur l'antique, vêtus du turban et du doliman, à la démarche grave et posée ; des Turcs (en petit nombre), des Coulouglis qu'un Français distingue à peine, des nègres esclaves, des juifs bien reconnaissables à leur caftan noir, à leur serre-tête de même couleur et aux lignes concaves au-dessous des orbites ; des Arabes vêtus du bournou de laine blanche avec le baïk de poil brun de chameau, roulé autour de la tête , enfin des Biskeris et Maugrabis vêtus de même, mais distingués par leur configuration et leur langage. Ces derniers sont les Berbères ou indigènes de l'Atlas ; ils viennent en petit nombre à Alger pour gagner leur vie comme portefaix. Parmi les étrangers on distingue, outre les Français, des Espagnols, des Piémontais, des Siciliens et des Maltais dont la langue est un dialecte de l'Arabe.

Les idées, les coutumes et les sentiments de ces gens-là intéressent encore plus que leurs costumes. A en juger par la phréno-logie, la tête des Maures et des juifs est fa-cile à examiner, d'abord chez les enfants qui portent une très petite calotte presque sur l'occiput, et ensuite chez les barbiers où les Maures vont se faire raser la tête. Plus d'un élève de Gall envierait aux Algé-riens ces boutiques de barbiers. La tête des Maures offre comme organes prédominants par leur développemeut, l'acquisivité (cet organe est énorme chez les juifs), la bonté, l'amoūr physique et celui des enfants, qui se développent ordinairement ensemble; la justicc, organe qui se développe en étendue chez les Maures et non en profon-deur seulement comme chez nous; puis viennent la destructivité, la mémoire des langues (tous les enfants parlent français) et la théosophie. On sait combien ils sont superstitieux. La merveillosité existe aussi bien dans leurs crânes que dans leurs con-tes et leurs exagérations.

Si l'on s'en réfère à l'avis des Européens qui habitent Alger, les Maures sont des paresseux sans intelligence, les Arabes sont des assassins, les Berbères pis encore, et les juifs sont des gens habiles et fripons. Ce dernier jugement a le plus de justesse. Les enfants d'Israël trompent et le chrétien et le musulman, persuadent à l'Arabe que la monnaie française est de mauvais aloi et qu'il faut être israélite pour bien connaître même la monnaie du pays. Aussi le juif préside-t-il à tout marché entre Chrétien et Arabe, et comme il baragouine le français, son ministère est assez souvent utile, et il manque rarement de se faire payer par les deux parties.

Quand, pour approvisionner la ville, l'Arabe vient au marché, le juif va une lieue ou deux au-devant de lui, et lui achète ses denrées au même prix qu'autrefois sous les Deys; mais il les revend au prix élevé produit par la concurrence des Français. En 1830 un beau cheval valait 500 fr. pour le Français comme pour l'Arabe. Ce dernier le vend encore au même prix; mais le chrétien le paie au juif 1500 et même 1800 fr.

Un mal sérieux à Alger, c'est la spéculation démesurée sur les fonds de terre. Persuadés que les français doivent y rester 7 ans 7 mois 7 jours, les propriétaires ne vendent aux chrétiens qu'à rente perpétuelle et ordinairement à bon compte. Quand une revente a lieu, le service de la rente est transféré, et, au lieu du prix principal, on se donne des pots-de-vin : cette facilité d'acheter par rentes fait qu'on devient acquéreur de domaines qu'on n'a jamais vus, et les terres renchérissant toujours, les premiers acheteurs ne cultivent pas, font de nouvelles acquisitions, revendent et font ainsi le commerce des terres...

On s'est, au sujet de la capitale de l'Algérie, suffisamment étendu pour donner une idée des gens qui en forment la population. Cette ville avait, dit-on, une population de plus de 100,000 ames sous les Deys. Elle en a maintenant une qui ne s'élève guère au dessus de 30,000. Une muraille de 35 à 40 pieds de hauteur et de 10 à 12 d'épaisseur, et un large fossé lui servent d'enceinte. Les nombreuses plantations d'oliviers, d'orangers et de vignes dont elle est entourée, forment un tableau qui vu de la mer est tout à fait majestueux. Cinq forts la défendent. On y entre par quatre portes, outre celle qui conduit à la mer. Le palais de l'ancien Dey est vaste et orné de colonnes de marbre et de porphyre qui soutiennent deux galeries superposées. Il y avait soixante mosquées dans Alger en 1830. Elles sont à peu près construites comme le sont nos églises, et le pavé en est couvert de nattes sur lesquelles s'asseient et se prosternent les musulmans pendant leurs cérémonies religieuses.

Les casernes sont en assez bon état, pourvues chacune d'une fontaine, et cent cinquante autres fontaines publiques procurent aux habitants l'eau qui leur est nécessaire.

Le port d'Alger n'a pas assez de profondeur pour des vaisseaux de ligne, n'ayant pas plus de 16 à 18 pieds. La rade s'étend en forme de demi cerle jusqu'au cap Matifoux qui est à plus de deux lieues de la ville.

Les propriétés des environs sont presque toutes des maisons de campagne où les Algériens aisés vont passer la belle saison. On trouve dans chacune un jardin arrosé par des eaux de source ou par un puits d'où l'on tire l'eau au moyen d'une roue. Des haies vives de figuiers, de myrthes, d'aloès, d'aubépines, de lentisques et autres arbustes entourent ces propriétés.

Nous croyons convenable de dire ici quelques mots sur la forme du gouvernement d'Alger et sur la police qui y régnait sous les Deys.

L'ancien gouvernement était une espèce de république militaire, sous la protection de l'empire Ottoman. Le chef ou Dey était électif. Il avait pour conseil un certain nombre de militaires occupant ou ayant occupé des grades dans la milice du pays. Ce conseil s'appelait Divan et décidait à la pluralité des voix. La justice était ordinairement rendue par le Dey. L'administration des provinces était confiée à des gouverneurs nommés par le Dey et qualifiés de Beys.

Les Cadis jugaient les affaires de loi et de commerce et on pouvait appeler de leurs jugements au Dey qui pour de l'argent manquait rarement de les réformer.

La religion mahométane a pour ministres des imans chargés de réciter les prières dans les mosquées.

On appelle *Marabouts*, des Maures ou Arabes qui, par une pratique minutieuse de tous les préceptes et rites de l'Islamisme, aspirent à se faire passer pour saints. Ils exercent souvent une grande influence sur les habitants.

La police était exercée dans la ville d'Alger par des indigènes, et il paraît qu'elle l'était assez bien.

Là comme dans les autres états mahométans, les principaux officiers étaient le Khasnagar ou Hazanagi (Defterdar à Constantinople) grand-trésorier; l'Aga, commandant-général des troupes; le Kodja ou Codja, écrivain et intendant des écuries ; le Wekil-Ardjy, grand-admiral; le Codja ou Caïmacan, chargé de la police des marchés publics, et les Chiaous, messagers du gouvernement.

Il y avait à Alger des colléges destinés à l'instruction des Imans et des Cadis, et beaucoup d'écoles publiques où les enfants apprenaient à lire et à écrire, et il n'est pas certain que la méthode lancastérienne ou d'enseignement mutuel soit une invention des Européens: car les enfants qui fréquentaient les écoles à Alger avaient chacun une planche sur laquelle ils écrivaient à la craie, et exécutaient en un mot tout ce qui se pratique dans nos écoles d'enseignement

mutuel. Comme le Coran est en même temps
le code religieux et civil des Musulmans,
quiconque en connaît assez bien ⬤s cha-
pitres et les versets passe pour un savant.
On peut assurer que si, lors de l'établissement du christianisme dans les provinces
de l'empire romain, l'Afrique était, de toutes celles de l'Occident, la plus attachée au
paganisme, elle est encore maintenant un
des pays où il y a le moins d'instruction et
le plus de fanatisme.

Nous réservons ce que nous avons à
ajouter au sujet d'Alger, pour le siècle où
les Sarrasins ont fait la conquête de l'Afrique, et nous continuons la description
des lieux connus sous la domination des
Romains.

A la droite et non loin du Savus que l'on
croit être aujourd'hui la Haméese et qui
tombe dans le golfe d'Alger et à peu près
par la même longitude que le cap Matifoux,
se trouvait Rustonium, (Tedmenfust). Le
Nasabat se perdait dans la Méditerranée près
de la ville de Saldœ (Tedlis). Sur la rive
droite de cette rivière était Tubusuptus
(Burg), qu'assiégea Tacfarinas, sous l'empereur Tibère. C'était un numide déserteur

4

des armées romaines, qui, s'étant avec Ma-
zippa mis à la tête de quelques brigands tant
Maurique Numides et Musulans(1), forma
peu à peu une armée considérable et osa
marcher contre les proconsuls qui com-
mandaient en Afrique. Quoiqu'il eût été
défait par Furius Camillus, il remit quelque temps après une nouvelle armée sur
pied et fut obligé, après avoir perdu une
seconde bataille contre le proconsul Apro-
nius, de se réfugier dans le désert d'où
il revint encore plus menaçant et éprouva
un nouvel échec dans lequel il perdit
son frère. Le proconsul Dolabella, qui remplaça Junius Blésus, parvint enfin avec le
secours du roi Ptolemée (2) à apaiser cette
révolte. Tacfarinas perdit la vie dans le
dernier combat qu'il livra.

L'Audus crû la Bougéiah et la même rivière que la Nissava, a son embouchûre dans
le golfe de Bougie. Cette ville est à 25 lieues
O. N. O de Constantine sur le penchant
d'une montagne dont le pied est baigné par

(1) Les Musulans habitaient près de l'Atlas et de
la ville de Calaat nommée Calaat-Bona-Hamad.
(2) Ce prince était petit-fils de Marc-Antoine le
Triumvir.

la Méditerranée qui forme en cet endroit un golfe profond. Elle est bâtie sur les ruines d'une ancienne grande ville qui semble avoir été Choba ou Coba. Un château la domine. Des tribus de Kabaïls habitent à l'entour. Le port est grand et fermé par une langue de terre. Il s'y faisait un commerce important. Cette ville a été des dernières qu'aient occupées les Français et ils y ont été longtemps inquiétés par les Kabaïls.

En remontant vers le sud, on trouvait à l'est la ville de Sitifi (Seteef), ancienne capitale de la partie de la Mauritanie, nommée Sitifense. Une route partant de là passait par Gemellæ (Djimillah) et Nova-Petra dont il semble ne plus exister de vestiges et par Diana-Veteranorum (Taggou-Zainah), comme on l'apprend par l'inscription placée sur un arc triomphal d'ordre corynthien qui doit encore s'y trouver. De Taggou-Zainah en allant au Sud-Est, on arrive à Medrashem où une superbe masse d'architecture indique le tombeau de Syphax et d'autres rois de Numidie. Plus au Sud-Est on trouve le mont Aurasius (Aurèz ou Jibbel-Aurez), non loin duquel était Lambesa, nommée aujourd'hui Tezzoute. Les

ruines de l'ancienne villes sont encore considérables et on y trouve un grand nombre
d'inscriptions latines qui attestent le séjour
d'une colonie dite Lambesentium. On y
voit encore sept portes et une grande partie des murailles dans l'enceinte desquelles
subsistent des édifices de différents âges,
depuis Adrien jusqu'à Aurelien et Maxime.
La troisième légion Auguste y était en garnison. Il se tint un concile à Lambèse vers
l'an **240.**

Igilgilis (Gigeri), ville et port sur la Méditerranée, a une citadelle. Le nom de cette
place figure aussi dans l'histoire. C'est à
Igilgilis qu'aborda le général Théodose
père du premier empereur de ce nom, lorsqu'il fut chargé en **374** par l'empereur Va-
lens, de soumettre le rebelle Firmus.

En suivant la côte vers l'Est on trouv
à l'embouchure de l'Ampsagas (Le Wed
el-Kibir), la ville de Tucca, dont ni l
nom moderne ni l'emplacement ne son
plus désignés.

En remontant l'Ampsagas on arrivait
Milevi (Mila), ville où il se tint plusieurs con
ciles, depuis l'établissement du christia
nisme dans la Numidie, notamment en **40**

et 416 au sujet de l'hérésie des Donatistes.

Plus à l'Est et sur le Rumel, affluent de l'Ampsagas, est Cirta la capitale de toute la Numidie. Cette ville est assise sur un rocher et à 16 lieues du Golphe de Stora (Sinus Numidicus). Gala, roi de Numidie, son fils Massinissa et Micipsa, son petit-fils, y faisaient leur résidence. Atherbal, fils et successeur de ce dernier, fut contraint par le grand nombre d'Italiens, qui s'y étaient établis, de rendre cette ville à son cousin Jugurtha qui l'y fit mettre à mort. Marius la prit en l'an 107 avant l'ère vulgaire et Jugurtha, fait prisonnier, étant mort de faim dans la prison où on l'avait jeté à son arrivée à Rome, la Numidie fut dès lors considérée comme province romaine.

Cirta était devenue sous le roi Micipsa, si considérable et si florissante qu'alors elle pouvait mettre en campagne vingt mille hommes de pied et dix mille de cavalerie. Naguère encore on en portait la population à soixante mille âmes, et, avant qu'elle fût tombée au pouvoir des Français, à quarante huit mille.

L'ancienne Cirta était beaucoup plus grande que la Constantine moderne. Elle est par 36° 24' de latitude septentrionale et par 3° 48' de longitude Est de Paris. C'était la résidence d'Achmet, bey de la province, qui à force de commettre des hostilités contre les troupes françaises, les a forcées à le déposséder.

Cirta, après que Jules-César eut vaincu Juba en l'an 64 avant J.-C. et eut emmené le jeune Juba à Rome pour servir d'ornement à son triomphe, fut prise par un de ses lieutenants, nommé Sittius, d'où elle fut nommée *colonia Sittianorum*, par ce qu'il y conduisit une colonie.

Cirta est défendue par des murailles et a quatre portes construites en pierre rougeâtre presque aussi fine que le marbre et revêtues de sculptures qui annoncent qu'elles sont l'ouvrage des Romains. L'intérieur, comme à Alger, est rempli de rues étroites et les maisons y sont basses et sans fenêtres. Le palais du bey est très-étendu. Il se trouve encore dans cette ville des arches, des colonnes et d'autres monuments d'antiquité. Dans la partie la plus élevée est une grande cascade formée par le Rumel qui sort d'un canal souterrain. Ce point élevé de plus de 500 pieds au dessus de la plaine était le lieu d'où l'on précipitait les criminels.

Ruinée par le tyran Alexandre qui vers 308 de J.-C. s'était revolté en Afrique contre Maxence, et s'était fait proclamer empereur, ou par Maxence lui-même, Cirte fut rétablie par Constantin-le-Grand, et pour témoigner sa reconnaissance à son bienfaiteur, elle prit le nom de Constantina.

Il s'est aussi tenu dans cette ville quelques conciles : le 1er le 5 mars 305 et le 2° en 412, auquel assista saint Augustin.

Pour se rendre de Bône à Constantine, les troupes françaises ont fait cinq stations dont les lieux sont Drean, Hamman Berda, Nechmeya, Ghelma, Merdjez-el-Hammar.

Au Nord de Cirta sont les monts anciennement nommés Papnas sur les quels Gélimer, après avoir été vaincu par Bélisaire, général de l'empereur Justinien, chercha une retraite.

Au fond du golfe numidique était Rusicade que l'on a depuis appelée Sucaida. Si le port de Stora n'en occupe pas la place, Rusicade ou Sucaïda n'en devait pas être éloigné. C'est de Stora que le trajet est le plus court à Constantine.

Entre cette dernière ville et Bône se

trouvaient sur la route de Tipasa à Cirta,
Tigisis dont les modernes géographes ne
parlent pas plus que de Tibilis, puis Calama que l'on retrouve dans Ghelma dont
les troupes françaises ont rétabli les fortifications et qu'elles ont occupée depuis l'i-
nutile reconnaissance de Constantine faite
en 1836. Au N. O. de Calama se trouvaient
Aquæ tibilitanæ à 16 lieues à l'Est de Cirta.
Vicus Juliani était situé à moitié chemin de
Calama à Hippo-Regius.

Cette ville dont le nom moderne est
Bône et dont le port est à l'embouchure
de la Seybouse (l'ancien Ubus) a dû
être peuplée de plus de soixante mille
habitants, si l'on doit en juger par les
ruines de ce qu'elle était, et par quelques monuments encore existants du temps
où elle florissait. Les environs sont fertiles
et si l'agriculture eût été protégée sous le
gouvernement des Musulmans et des Beys
qui à tout moment craignaient d'être
remplacés, cette contrée aurait encore été
dans un état florissant, quoique à propre-
ment parler les habitants du Beylik de Constantine fussent plus adonnés à la culture
des terres que ceux des autres provinces.

Les environs de la ville de Bône sont emplis de jardins plantés d'arbres fruitiers qui forment des allées pour la promenade des possesseurs. Le sol du Beylik de Conantine a toujours passé pour plus productif que celui du gouvernement d'Alger, en toute espèce de céréales. Bône est donc une excellente acquisition. D'après des renseignements donnés recemment sur ce pays, Bône est un point essentiellement agricole; s'il existait une communication régulière et facile avec la France au moyen de bateaux à vapeur (ce qui paraît être actuellement fait ou sur le point de l'être) sur tout si l'on voulait se relâcher à Toulon et à Marseille de la rigueur des réglements de quarantaine, ce pays serait visité, parcouru, connu, et l'on ne serait plus dans l'incertitude sur la valeur d'une conquête aussi productive et aussi heureusement située. On y trouve en abondance tout ce qui est nécessaire à la vie matérielle.

Le Beylik de Bône peut être considéré comme une véritable source de prospérité et de richesses pour la France. C'est une mine préférable à celles du nouveau monde, en ce qu'elle consiste dans la nature du sol, dans sa position et les ressources du pays et qu'elle n'est par conséquent pas sujette à s'épuiser comme les autres. Qu'on se figure des plaines grasses, bien arrosées, couvertes d'une végétation vigoureuse et propres à tous les genres de culture; des collines remplies d'oliviers, de figuiers, d'orangers, d'abricotiers, de vignes, deux grandes rivières qui traversent le pays et dont l'une qui remonte jusqu'aux deux tiers de la route de Constantine est navigable pendant fort longtemps et pourrait, moyennant de faciles travaux, recevoir à son embouchure dans la mer des navires de 400 tonneaux et plus. L'indigo y pousse naturellement, la plupart des plantes et des arbres de l'Europe et des tropiques peuvent y être cultivés, et tout ce pays appartient à la France et ne lui est maintenant contesté par personne. A peu de distance de Bône commencent les concessions faites à la compagnie d'Afrique et dont les premières datent du temps de François 1er. Elles s'étendent jusqu'à la Calle dans un espace de 15 lieues.

Bône est heureusement située entre les ports de Tunis et d'Alger.

Les Arabes ont appelé cette ville Blaidl-Aneb, la ville des Jujubes. Le port est aste et commode. Les Français y ont eu n comptoir pendant plus de cent ans, et s avaient à la Calle et au Cap-Bon des tablissements pour la pêche du Corail. s tiraient aussi de là des laines, des grains t des peaux... Bône est par 36° 52' de latude N. et par 5° 50' de longitude E. de aris. La population y est composée de 'urcs, de Maures et de Juifs. Il s'est tenu ans cette ville dont saint Augustin a été vêque, des conciles en 393, 395, 422 et 26. Il s'en est tenu aussi à Bagaï et à 'heveste en Numidie et il est peu de villes es états chrétiens où il s'en soit plus rassemblé que dans la ville de Carthage.

Dans celui de l'an 484 convoqué par le oi Huneric, de la secte des Ariens, s'y trouva 466 evêques. L'Afrique, la Iumidie et la Mauritanie comptaient alors lus de trois cents évêchés. Depuis treize ents ans les choses sont bien changées. Iais elles peuvent en peu d'années présenter ne nouvelle face. C'est à Bône que se suiida Metellus-Scipion, lieutenant et beau ère de Pompée, après sa défaite par César.

12 ou 13 lieues au Sud de Bône sont l'an-

cienne ville de Tipasa (Tefessad), sur l
Myskianah affluent du Mejerdah, non loin d
laquelle étaient Tagaste, aujourd'hui Ta-
jelt où naquit saint Augustin, et Madaur
patrie d'Apulée. Thebeste (Tebess) et Pes-
cara (Vescerita) sont vers la chaîne d
l'Atlas.

Une des dernières villes qui semble avoi
dépendu de la Numidie est Naragara (Kafr
Kibir) près de la rive gauche du Bagrada
(le Megerdah).

Sans doute les guerres, les siècles écou
lés depuis que les Maures et les Arabes on
changé ces pays en vastes déserts, ont fa
disparaître jusqu'aux vestiges d'une foul
de lieux jadis bien habités; mais les tra
vaux des Français et les nouvelles commu
nications qui vont leur devenir plus facil
avec les indigènes, feront retrouver dar
les villages actuels quelques monumen
des anciens temps. Il était trop dangereu
pour des voyageurs curieux de visiter cet
partie de l'Afrique, de la parcourir seul
sans être porteurs de firmans et de recor
mandations authentiques, non seulemen
des deys et des beys qui dépendaiei
d'eux, mais encore des scheiks ou che

des tribus arabes ou maures les plus puissantes, et sans être, outre cela, pourvus de beaucoup d'argent ou mieux de lettres de crédit sur les principales maisons de commerce établies dans les trois régences, et cette raison a rendu l'intérieur de ces pays bien moins connu aux peuples modernes qui en sont voisins., qu'il ne l'était aux Romains.

Les provinces d'Afrique étaient, après la Sicile, la ressource de Rome dans les années où se faisait sentir la disette, et plus d'une fois il éclata des séditions dans cette capitale de l'empire, quand les gouverneurs des provinces Africaines ne faisaient pas assez tôt partir la flotte chargée de blés pour Rome. La culture peu encouragée et peu favorisée sous le gouvernement despotique des deys, le defaut de sûreté pour la propriété et le cultivateur, ont pu contribuer à rendre le sol moins productif; mais le travail doit lui rendre son ancienne fertilité, et si, malgré ces vices d'administration, la Barbarie fournissait encore des blés aux côtes méridionales de la France, n'est-il pas plus que probable qu'elle en fournira davantage?

Nous avons crû devoir nous abstenir de parler des pays que n'occupent pas les Français.

Avant que les Numides eussent passé sous la domination de Rome, il y avait parmi eux plusieurs chefs de tribus, dont l'autorité avait beaucoup de rapport avec celle des scheiks ou émirs des Arabes d'aujourd'hui; mais ils obéissaient tous au même souverain. On peut inférer de là que la forme de gouvernement sous les deys était à peu près la même que celle des anciens Numides. Ce dernier nom ne leur a été donné sans doute que par corruption du mot Nomades, puisque ces peuples, excepté les habitants des villes, n'avaient point de demeures fixes et que leurs habitations (Mapalia) ressemblaient à la forme des tentes sous les quelles habitent les tribus arabes nomades et dont sont composés leurs douars ou villages. Les Numides excellaient à manier un cheval. Ils avaient plusieurs femmes et les Arabes de nos jours ont conservé cette coutume. « Les Numides et les Maures, dit Salluste, » tiennent peu compte des alliances que « leurs filles contractent, parce que chacun

» selon ses richesses a le plus de femmes
» qu'il peut, l'un dix, l'autre même davan-
» tage et les rois en ont bien plus. » Les 150
femmes du *Harem* d'Achmet-Bey sont une
preuve que ces usages n'ont pas changé.
Les Numides étaient perfides, d'un caractère inconstant. Tels on nous peint les
Maures et les Arabes ainsi que les Kabaïles
qui sont les descendants des anciens Gétules
et Numides. La manière de combattre des
Maures et des Arabes d'aujourd'hui est aussi
la même que celle des Numides. Ceux-ci
plaçaient des troupes en embuscade dans
les sentiers et dans les broussailles de la
pente des montagnes, attaquaient les ennemis de tous les côtés à la fois, sans trop
s'exposer à être serrés de près et sans charger
en masse, mais combattant séparément les
uns des autres, aussi prompts à fuir qu'à
assaillir. Les guerres ressemblaient à des brigandages. Tout ce que nous apprenons de la
manière dont les Maures ont fait jusqu'ici la
guerre aux Francais, et dont l'a faite dernciè-
rement même l'émir Abd-el-Kader, fait voir
que leurs usages sont ceux des anciens habitants du pays.

Lorsque les Romains se furent solide-

ment établis dans cette partie de l'Afrique
et que pour y maintenir l'ordre et la tranquillité ils eurent placé des légions dans les
lieux le plus convenables, les gouverneurs
qui étaient consulaires ou préteurs y firent
observer les lois en usage dans leurs autres colonies. Mais Rome échangea avant
la mort du dernier roi de Mauritanie, plusieurs fois une des provinces de l'Afrique
pour une autre, avec les rois qui étaient
devenus leurs tributaires. C'est ce que nous
allons tâcher d'éclaircir.

A Gala, roi de Numidie, succéda, selon
l'usage du pays, son frère Desalcès qui
avait épousé une nièce d'Annibal. Capsula,
fils de Desalcès lui succèda, mais il perdit et le trône et la vie dans une bataille
contre Métézule, prince du sang royal,
qui, pour appuyer le titre de tuteur, qu'il
prenait, du jeune Lacumacès, second fils de
Desalcès, avait épousé la sœur de ce roi.
Massinissa, fils de Gala, reclama le trône
qui lui appartenait, lorsqu'il fut revenu en
Numidie de l'Espagne où il avait servi la
cause des Carthaginois contre les Romains.
Il triompha des deux prétendants. Scipion
ayant en Espagne fait prisonnier Massiva,

neveu de Massinissa, le renvoya sans rançon
à son oncle et parvint par ce trait de géné-
rosité à détacher le roi de Numidie de
l'alliance des Carthaginois, que déjà il avait
privés de celle de Syphax, roi d'une autre
partie de la Numidie et de la Mauritanie;
mais ce dernier ayant épousé Sophonisbe,
fille d'Asdrubal, carthaginois, renouvela son
alliance avec Carthage. Il fut pris à Cirta
par Lelius, lieutenant de Scipion et envoyé
à Rome. Le grand nombre d'enfants que
laissa Massinissa qui, pour prix de sa fidélité envers les Romains, avait obtenu d'eux
une partie du territoire de Carthage et de
celui de Syphax, aurait pu causer quelque
trouble à sa mort; mais son fils Micipsa,
quoiqu'il ne paraisse pas avoir été l'aîné,
régna sans difficulté et cultiva toujours l'a-
mitié des Romains. Vermina, fils de Syphax,
dépouilla Massinissa de ses états, dans une
guerre contre Rome, fut vaincu, pris et orna
le triomphe de Scipion en 203 avant J.-C.
Il dut ensuite obtenir une partie des états
de son père, car plus tard on voit son fils
Archobarzane aider les Romains contre les
Carthaginois, quoique ceux-ci comptas-
sent sur le secours de ce dernier.

A la mort de Micipsa, en **636** de Rome, 118 ans avant l'ère vulgaire, ses deux fils Atherbal et Hiempsal, partagèrent, suivant les dernières volontés de leur père, la Numidie avec leur cousin Jugurtha, fils de Manastabal, l'un des frères de Micipsa. Jugurtha, plus âgé qu'eux et s'étant déjà distingué au service des Romains, porta son ambition jusqu'à vouloir règner seul et d'abord fit assassiner Hiempsal à Thermida, ville dépendante aujourd'hui de la régence de Tunis; ensuite il força Atherbal, renfermé dans Cirte, à se remettre entre ses mains et le fit mettre à mort. Rome alors lui déclara la guerre et, comme l'a dit en France M. Dupin, président de l'Institut : « En l'an 111 avant l'ère vulgaire, Rome déjà devenue vénale eut le malheur d'envoyer (en Afrique) Calpurnius et de rencontrer Jugurtha. » En effet, Jugurtha corrompit le général romain, et ne conçut de craintes sérieuses pour sa puissance que lorsqu'il eut à combattre Metellus et ensuite Marius dont le questeur Sylla parvint à décider Bocchus, fils d'un autre Bocchus tué 107 ans auparavant, roi d'une partie de la Mauritanie et beau-père de Jugurtha, à lui remettre e prince qui fut envoyé à Rome, jeté dans la prison dite le *Tullianum* et y mourut de faim au bout de six jours, en l'an 648 de Rome, 106 ans avant l'ère vulgaire. Bocchus pour prix de sa perfidie obtint des Romains une partie du territoire de Jugurtha. L'histoire des souverains de Mauritanie est rarement claire. Avant le Bocchus dont nous venons de parler et dont Salluste nomme le fils Volux, on trouve Bocchus, contemporain de Massinissa, et, depuis le même Bocchus père de Volux, deux autres rois du même nom et un autre nommé Bogud, roi des Mauritaniens, qui embrassa le parti de Jules-César (tandis que plus tard Bogus, roi des Mauritaniens, parut à la bataille d'Actium), paraissent avoir régné sur toute la Mauritanie ou du moins sur une grande partie ainsi que sur la Gétulie. D'un autre côté l'historien de la guerre de Jugurtha affirme que le peuple romain administrait par des magistrats, dans le temps de la guerre de Jugurtha, tout le pays qui avait appartenu à Carthage, et il est à croire que Rome, après la défaite et la mort du roi de Numidie, se réserva une partie des états de ce prince et laissa Hiempsal, fils de Gulussa et neveu, comme l'était Jugurtha, du roi Micipsa, partager le reste avec Mandrestal, fils de Gauda ; ce dernier, frère de Jugurtha, avait été substitué à la succession, par le testament de Micipsa. Les fils de Jugurtha, détenus à Venouse, ne reparurent plus sur la scène.

Gauda avait deux fils ; l'un, Mandrestal, dont nous parlons, et qui ne paraît pas avoir laissé de successeurs ; l'autre nommé Hiempsal eut trois fils, Mandrestral, Hiarbas et Juba. Mandrestal l'aîné eut pour successeur son frère Hiarbas, qui fut, avec Ch. Domitius Ænobarbus, vaincu et pris par Pompée vers l'an 82 avant J.-C. et dont les états passèrent à Hiempsal. Juba, fils de ce dernier, ayant été insulté par César, embrassa le parti de Pompée et après avoir été, en l'an 48 avant J.-C., défait à Thapsus avec Métellus-Scipion, il se vit réduit à se suicider pour ne pas tomber entre les mains du vainqueur qui se contenta d'emmener à Rome son fils Juba, dit le jeune, pour servir d'ornement à son triomphe.

La Numidie fut alors tout entière occupée par les Romains qui la firent administrer par leurs magistrats, jusqu'à ce qu'en l'an 729 de Rome, 25 ans avant J.-C., l'empereur Auguste ayant fait épouser au jeune Juba, Cléopâtre, fille de Marc-Antoine et de Cléopâtre, reine d'Égypte, accorda à ce prince, en échange de la Numidie, la Mauritanie qui de la ville d'Iol ou Shersell, que Juba par reconnaissance appela Césarée, prit le nom de Mauritanie-Césarienne. Ptolémée, fils de Juba, lui succéda; mais ayant eu le malheur de fixer les regards de la multitude des Romains, en paraissant en public avec le diadême et la pourpre, et ses richesses faisant envie à son cousin Caligula, cet empereur le fit assassiner en l'an 40 de J.-C., quoique ce prince se fût constamment montré tout dévoué à l'empire. Il avait aidé les généraux romains à étouffer la révolte du Numide Tacfarinas, et avait reçu du sénat, en l'an 26, les ornements triomphaux. Il devint par sa bonté un des dieux des Maures; les Athéniens lui élévèrent une statue et les Ethiopiens même le révérèrent comme une divinité. Il était savant et il écrivit plusieurs ouvrages qu'ont loués les auteurs de ces temps. Aussi n'est-il pas surprenant que l'un de ses affranchis, Edemon, voulant tirer vengeance de l'assassinat de ce prince, ait trouvé les Maures disposés à entrer dans ses vues et ait excité une guerre qu'il fut difficile d'éteindre.

Sous l'empereur Claude la Mauritanie fut enfin pacifiée par Suetonius Paulinus qui pénétra jusqu'au delà de l'Atlas, et le pays fut de nouveau divisé en Mauritanie Césarienne et en Mauritanie Tingitane; et de la première on fit encore une seconde province sous le nom de Mauritanie Sitifense, de laquelle la ville de Sitifi (Seetif), fut le chef-lieu. Ces provinces étaient gouvernées par des chevaliers romains, tandis que l'Afrique avait pour gouverneur un consulaire, et Galba qui fut empereur après la mort de Néron, fut sous le règne de Claude, proconsul d'Afrique. Claudius Macer qui, à l'époque où Galba fut empereur, gouvernait l'Afrique comme propréteur, ne voulut pas le reconnaître; il se fit proclamer empereur, mais on ne voit pas que sa révolte ait été cause de longs troubles dans les provinces de la Mauritanie. Comme au-delà de Tanger, le pays n'offrait sans doute pas assez d'amorces à la cupidité des Romains, ils ne poussèrent pas leurs conquêtes au-delà, et les provinces africaines de l'Ouest furent du nombre de celles qui jouirent le plus souvent de la tranquillité.

L'empereur Sévère qui, en 193, monta sur le trône impérial, était né à Leptis, en Afrique, et avait été antérieurement à son élévation lieutenaut du proconsul d'Afrique. Macrin qui succéda à Caracalla était de la ville de Césarée, alors capitale de la Mauritanie Césarienne et Maure de naissance. Ce fut en Afrique que le proconsul Gordien fut salué empereur du vivant de l'empereur Maximien, lorsque les exactions de l'intendant de cette province eurent causé une sédition générale ; mais Gordien ayant déposé Capellien, gouverneur de la Mauritanie, perdit son fils qu'il avait associé à l'empire, dans une bataille que livra Capellien et ne put survivre à cette perte.

Quelques années après, Sabinien prit le titre d'empereur en Afrique, sous le règne de Gordien-le-Jeune, et fut vaincu par le gouverneur de la Mauritanie. Saturnin, Maure d'origine, se révolta contre Probus et se fit proclamer empereur à Alexandrie et peu après perdit la vie. Maximien ravagea le pays des Maures qu'il força dans leurs montagnes et transporta en grande partie en d'autres contrées.

Vers 308 Alexandre, vicaire du préfet du prétoire en Afrique, fut salué empereur par les troupes et revêtu de la pourpre à Carthage, puis vaincu, pris et tué par l'armée que le tyran Maxence avait envoyée contre lui en 311. C'est alors, comme nous l'avons dit, que les provinces d'Afrique eurent à souffrir des vexations et des ravages qui ne cessèrent qu'après que Constantin eût vaincu Maxence et donné la paix à l'empire. Cirte, qui avait sans doute eu beaucoup à souffrir, crut ne pouvoir mieux témoigner sa reconnaissance à Constantin qui la rétablit, qu'en prenant le nom de cet empereur.

Le christianisme eut à vaincre pour s'établir en Afrique plus de difficultés que dans les autres contrées. Les Maures et les Numides furent plus qu'aucun autre des peuples voisins du berceau de la religion chrétienne et soumis à l'empire romain, obstinés à conserver les cérémonies païennes, et quand les édits des empereurs chrétiens et la protection qu'ils accordaient à l'Église eurent augmenté le nombre des néophites, les querelles des *Donatistes*, l'Arianisme, les erreurs de Pélasge, etc. causèrent des divisions parmi les membres et les chefs de l'Église africaine. Elle a dans ces temps produit des écrivains du plus grand mérite, et les noms des Tertullien (1), des Augustin (2), des Fulgence (3), des Cyprien (4) font honneur à cette église. Que des ministres des autels, doués d'un aussi bon caractère que l'étaient ceux que nous venons de nommer, aillent semer de nouveau la parole du

(1) Tertullianus, J. Septimius Florens, célèbre écrivain florissait à Carthage, vers l'an 196. D'abord païen, il embrassa le christiame et en devint le défenseur dans ses écrits qui se distinguent par l'imagination, par une éloquence vive, par l'élévation du style et la force des raisonnements. Le plus estimé de ses ouvrages est l'*Apologétique* pour les chrétiens.

(2) Saint Augustin est trop connu pour que nous en parlions.

(3) Fulgentius, Fabius Claudius Gordianus, évêque de Ruspe, en Afrique, est mis au nombre des pères de l'église. Il mourut en 535. La fête de ce saint tombe le 1er janvier.

(4) Cyprianus, Thasius Cœcilianus, évêque de Carthage, mourut martyr en 258. On fête ce saint le 16 septembre.

6

Christ dans les possessions françaises;
qu'ils sachent par la douceur, la patience et
par la sainteté de leur vie se faire écouter
de ces autres gentils, et l'Afrique redevien-
dra un pays civilisé et heureux. La religion
chrétienne peut opérer ce changement et
contribuer plus que les armes à la pacifica-
tion de toutes ces tribus qui errent les armes
à la main dans les ramifications de l'Atlas.

Nous avons cité des conciles tenus dans
quelques villes de Numidie et de Mauritanie. La persécution contre les chrétiens
ne fut pas moins active dans ces provinces
que dans le reste de l'empire, et là aussi,
comme ailleurs, éclatèrent des révoltes et
des guerres intestines. Quelques années
avant que les Vandales importâssent l'Arianisme en Afrique, Firmus, puis son frère
Gildon, comte de ce pays, tous deux fils
de Nubel, Maure puissant et riche, levè-
rent l'étendard de la rébellion, le premier
en 373 et le second en 397.

Théodose, père de l'empereur de ce
nom, vainquit Firmus, et Gildon se défendit contre Mascezel l'un de ses frères,
que l'empereur Honorius avait chargé de
terminer cette guerre. En 408 Héraclien,

gouverneur d'Afrique, se rendit indépendant dans son gouvernement; mais il perdit la vie en 413. Un malheur plus grand, plus accablant pour tout ce pays, et même pour tout l'empire, suivit de près ces révoltes. Le comte Boniface desservi auprès de l'empereur par le général Aétius, fut dépossédé du gouvernement de l'Afrique, et dans son mécontentement il appela en ce pays Genséric, roi des Vandales (1). Ce prince n'eut garde de ne pas profiter de l'occasion qui lui était offerte de procurer à ses hordes un établissement plus vaste que ne leur permettaient de l'avoir en Espagne les Suèves, les Goths et les Alains qui s'en disputaient les provinces les armes à la main.

Genséric quitta l'Espagne en 428 avec quatrevingt mille de ses sujets et débarqua en Afrique dont il se rendit maître en peu de temps; et quand le comte Boniface reconnaissant la faute qu'il avait faite, engagea le prince Vandale à retourner en Espagne, ce dernier lui fit voir qu'il était as-

_____

(1) Ce peuple venu des bords de la Baltique en 407 dans la Bétique, a donné son nom à l'Andalousie.

sez puissant pour garder sa conquête. Il ne lui restait à soumettre que Cirta, Carthage et Hippone. Mais le 19 octobre 439 Genséric s'empara de Carthage et dès lors toute l'Afrique lui fut soumise. Vers ces mêmes temps l'empire romain perdait les Gaules et la Grande-Bretagne.

On prétend que le comte Boniface n'avait cédé à Genséric que les trois Mauritanies et que le fleuve Ampsagas (le Wed-el-Kibir) devait être la limite de leurs possessions; mais il apprit à ses dépens que la trahison n'est pas toujours profitable. Il se vit assiégé par le prince Vandale dans la ville d'Hippone dont St-Augustin était alors évêque, et cette ville fut prise et incendiée en 431. Enfin, Trisgetius qui remplaça Boniface, fit la paix avec Genséric en 435.

En 389 le temple de Serapis avait été détruit à Alexandrie, et en 399 l'idole dite Céleste, la plus révérée des païens, le fut à Carthage; mais sous l'un des rois Vandale, l'Eglise d'Afrique vit 466 évêques rassemblés à Carthage, chassés de leurs siéges, et les uns et les autres exilés ou relegués en d'autres pays. C'était ce que devait naturellement amener la conduite violente du premier roi de ces barbares en Afrique. Genséric pille et ravage les provinces de l'Italie en 439, dépouille la capitale du monde des richesses que lui avait laissées Alaric, emmène la veuve de Valentinien III et sa fille Eudoxie qu'il donne en mariage à son fils Huneric. Il ferme les églises des chrétiens orthodoxes, s'empare des biens qui leur appartiennent, pille les cathédrales et les monastères, brûle les livres sacrés, et fait périr dans les supplices ceux qui ne se déclarent pas pour l'Arianisme. Ce tyran mourut après un règne aussi long qu'heureux à la fin de l'année 476. Huneric, l'un de ses fils, hérita de son trône et de sa férocité, persécuta les Orthodoxes et mourut d'une mort horrible en 484.

Guntamond, fils de Genton, frère d'Huneric, succéda à ce dernier, tint la même conduite que ses prédécesseurs et, après avoir régné 12 ans, laissa le trône à son frère Trasimond qui marcha sur ses traces. Il fit plus ; pour éteindre l'orthodoxie dans ses états il fit jurer à Hilderic, fils du roi Huneric et d'Eudoxie, qui devait lui succéder, de ne jamais ni rappeler les exilés ni

favoriser les ennemis des Ariens. Trasimond mourut en 524, dans un combat
contre les Maures, et d'après ses dispositions, Hilderic monta sur le trône; mais ce
prince moins porté que ceux auxquels il
succédait, à poursuivre les Orthodoxes,
excita tellement contre lui la haîne des
Ariens qu'elle dégénera en sédition, et Gelimer, fils de Gehride, frère des rois 'Guntamond et Trasimond, se mit à la tête des
rebelles, défit l'armée d'Hilderic, le prit
lui-même et s'empara du trône. Ce sixième
roi des Vandales, en Afrique, renouvela les
persécutions contre l'Église orthodoxe;
mais le célèbre Bélisaire, chargé en 533 par
l'empereur Justinien de reconquérir l'Afrique, attaqua Gelimer, le battit, et lorsque
ce prince après sa fuite en Numidie repa-
rut pour continuer la guerre, il éprouva
une nouvelle défaite à Tricamares, et s'é-
tant retiré sur les monts Papnas, il fut contraint par la disette de se mettre à la dis-
crétion de Bélisaire dont il orna le triomphe
accordé par l'empereur à cet heureux général. Non-seulement Bélisaire délivra l'A-
frique et l'Eglise d'un tyran furieux, mais
il divisa alors ce pays en sept départements

et rétablit ou fit rebâtir plus de 150 villes ruinées par les Vandales.

L'Afrique avait à peine joui cent ans d'une paix qui lui était nécessaire pour se rétablir des désastres qu'elle avait éprouvés, que la conquête de l'Egypte en l'an 640 par Amrou, l'un des lieutenants du kalyfe Omar, fut le triste présage du nouveau démembrement qu'allait subir l'empire romain par la perte de l'Afrique. Les Arabes et les Maures qui avaient embrassé le mahométisme, se rendirent maîtres d'une partie de l'Afrique en 647, et en 663 ils s'emparèrent du reste. Jusqu'à nos jours ils ont conservé leur conquête.

Les Edrissites, descendants d'Edris, arrière petit-fils d'Ali et de Fatime, fille de Mahomet, fondèrent dans la Mauritanie-Tingitane un empire qui dura 200 ans ; et d'Oran à Tripoli les Aglabites ou descendants d'Aglab, établirent leur puissance en 780. La capitale des premiers fut la ville de Fez, et Khairwan (vicus Augusti) fut celle des derniers, dont les souverains se fixèrent ensuite à Tunis.

Lorsque le kalyfat d'Espagne se fut établi, sous un descendant des Ommiades,

l'Afrique eut aussi ses kalyfes particuliers,
qui prétendant tirer leur origine d'Ali, se
firent appeler fatimites. Ils habitèrent Khairwan et Mehadia, et en l'an 362 de l'hégyre,
972 deJ.-C., le kalyfe Moez-Ledinillah, le 4ᵉ
de cette dynastie, alla s'établir à Mesr, en
Egypte. C'est alors que fut fondée la ville
d'Al-Kâhyrah (le Caire). Le fameux Saladin
abolit le kalyfat d'Egypte, en 567 de l'hégyre, 1171 de l'ère vulgaire, et celui établi
en Espagne avait eu le même sort en 1038
de J.-C. 430 de l'hégyre. Des souverains
particuliers fondèrent de petites souverai-
netés, à Tremecen, à Tunis, etc. Il serait
peu intéressant pour les lecteurs de suivre
les querelles et les guerres qui ont existé
entre les différents chefs de tribus qui se
sont supplantés tour à tour, jusqu'à ce que
l'empire de Maroc se soit établi tel qu'il est
dans la Mauritanie Tingitane, et que l'ancienne Numidie avec la Mauritanie Césarienne, la Cyrénaïque et la Lybie, ait formé
les trois régences barbaresques de Tripoli
Tunis et Algér, que peuplèrent dès 1492
les Maures qui, après la prise de Grenade
et la destruction de leur dernier royaume
en Espagne, abandonnèrent ce pays. L'Al-

gérie actuelle, fut le refuge de la plupart des autres Maures et Arabes que les rigueurs exercées contre eux par Philippe II, roi d'Espagne, et l'édit de proscription porté par son successeur Philippe III, le 11 septembre 1609, forcèrent de quitter l'Espagne au nombre de plus d'un million (1). Alors les ports de la Barbarie se remplirent de bâtiments dont les équipages ne firent d'autre métier que celui de piller les côtes de l'Espagne et de l'Italie et d'en enlever les habitants dont ils faisaient des esclaves. Aruch Barberousse et son frère Chérédin rendirent leur nom fameux sur les bords de la Méditerranée, et dès lors Alger, Tunis, Tripoli n'existèrent que par les revenus que leur procuraient les courses des pirates qui sortaient de leurs ports. Nul pavillon ne fut respecté par ces barbares, rénégats pour la plus grande partie. Souvent châtiés par les puissances qu'elles avaient insultées et aux sujets desquelles elles avaient causé des pertes, les trois régences n'ont cessé d'en-

---

(1) Le 9 avril 1610, neuf mille Maures furent, pour une prétendue conjuration, expulsés de l'Espagne. Le même jour 1609, le roi d'Espagne avait signé le traité qui lui faisait perdre les Provinces-Unies.

courager la piraterie et de l'exercer que
depuis que la France au lieu de bombarder
inutilement Alger, s'est emparée de ce repaire de brigands, et, par le voisinage des
forces qu'elle entretient dans le pays, a
contraint Tunis et Tripoli de renoncer à
inquiéter désormais la sûreté et la libre na-
vigation des mers.

L'occupation de l'Algérie par une puissance européenne est reconnue comme le
seul moyen de forcer les Musulmans à respecter les droits des nations et à s'inter-
dire un métier qui blesse l'humanité. Il est
vrai que la Russie qui envoie les prisonniers défricher les campagnes glacées de la
Sibérie ne se montre guère plus civilisée
que les régences où l'on mettait aux fers les
malheureux pris par leurs corsaires ; mais
il est honorable pour la France de pouvoir
dire aux nations avec lesquelles elle a été
en guerre : «j'ai placé vos sujets prisonniers
au sein des plus fertiles de mes provinces. »

Dès là qu'il était reconnu que tout traité
avec la régence d'Alger n'avait de durée
qu'autant que la force qui l'avait dicté se
faisait encore sentir, il devenait absolument
indispensable que celle des puissances eu-

ropéennes qui aurait la première à exiger de la régence la réparation des torts qu'elle ou ses sujets auraient commis, ne se contentât plus d'incendier le repaire de ces pirates; c'était un devoir, une nécessité imposée par les avantages communs qui devaient résulter de cette mesure, de détruire même l'espoir que la piraterie pût trouver un autre point sur la Méditerranée pour s'y rétablir. Il fallait occuper l'emplacement et c'est ce qu'a fait le gouvernement français. Le ministre de la marine exposa à la chambre des députés les vexations de la régence, la destruction des établissements français pour la pêche du corail et les dangers dont étaient perpétuellement menacés tous les pavillons naviguant dans la Méditerranée, par le système de piraterie organisé et maintenu à Alger malgré tous les traités. La cause de la France était celle de l'humanité; cette cause triompha.

La prise et l'occupation d'Alger sont dans les fastes du peuple français une époque aussi glorieuse qu'aucune que ce soit, par les résultats qu'elle doit avoir sur la civilisation d'une des plus belles et des plus fertiles contrées que baigne la Méditerranée.

L'expédition d'Alger avait été précédée
d'une proclamation adressée aux notables
de la régence. On y disait notamment :
« Nous respecterons votre religion sainte
car S. M. le roi, bienfaiteur de notre chère
patrie, protège toutes les religions. » (N° 1
des pièces.)

Les journaux anglais disaient à la même
époque. « Alger doit être conquis, et comme
condition *sine quâ non* détruit... si la
piraterie devait être déracinée de manière
à ne jamais reparaître, si le règne des lois
et de la civilisation s'y établit (à Alger)
d'une manière stable et permanente ; si
l'Afrique, la honte et le fléau de l'Europe, devait être pleinement mise en
état de se compter au rang des nations éclairées ; si enfin tout cela devait
s'opérer par l'intervention désintéressée
(comme l'a été celle de l'Angleterre dans
l'Indoustan !) du gouvernement français,
sans que celui-ci eût en vue un but ultérieur, pourquoi le lui défendrions-nous ?
(quelle modération pour des Anglais !)
Assurément le gouvernement se joindrait à
nous *pour permettre* à la France d'*aller son
train...* La possibilité qu'un dessein aussi

noble et aussi philosophique que celui d'anéantir Alger pour le *salut de l'humanité* puisse avoir pour résultat d'en construire les fortifications, d'y placer une garnison française et de subjuguer tout le Nord de l'Afrique à la plus grande gloire du nom français, pour ne rien dire du commandement suprême de la Méditerranée, cette seule possibilité pourrait engager le gouvernement anglais à parler plus brutalement (bluntly) à celui de la France, que notre respect pour le roi ne nous permet de le faire. »

Cette manière (du parti tory) de considérer la destruction, puis l'occupation d'Alger, fait assez voir d'un côté, tant que cela ne peut nuire aux intérêts de la Grande-Bretagne, la philantropie qui applaudit à des mesures généralement utiles à l'humanité, et de l'autre la jalousie intéressée à s'approprier seule tout ce qui lui convient, sans permettre aux autres peuples rien dont ils puissent tirer des avantages particuliers

Des gens qui, dans le moindre progrè que fait une puissance à laquelle toutes les autres réunies ensemble pour la vaincre, ont enlevé non seulement les conquêtes qu'elle avait faites, tout en conservant

7

elles-mêmes les territoires des évêchés et des abbayes dont elles ont agrandi leurs états, et sans compter même ce qu'elles se sont approprié du territoire de leurs voisins, mais dont elles ont encore rogné sans nécessité les circonscriptions provinciales, voient sans cesse des causes de guerres extérieures pour elle seule, tiennent presque le même langage que les plus violents ennemis de la France, et quand s'est confirmée la prise de Constantine, devant laquelle ces mêmes gens présumaient que viendraient encore échouer les efforts de la France, ils ont répété que la Grande-Bretagne ne laisserait pas cette ville entre les mains de la France. Pour les détromper, citons ce qui s'est passé dans les chambres des deux pays, et le langage qu'y ont tenu les journaux, notamment ceux dont l'impartialité n'est pas suspecte en ce qui concerne les intérêts de la France.

On prétend que la France sous Charles X, et qu'ensuite le roi Louis-Philippe, se sont engagés à ne pas conserver Alger, et c'est ce qu'a avancé lord Aberdeen dans la chambre des pairs d'Angleterre. C'est une erreur, car si jamais le prince de Polignac,

soupçonné par quelques personnes de par-
tialité envers la Grande-Bretagne, à cause
de son long séjour dans cette île, montra
un cœur français, c'est assurément dans la
question d'Alger, et le général Lamarque,
dont personne ne s'avisera de contester le
témoignage, certifia à la tribune de la
chambre des députés que le prince avait
fait faire l'expédition d'Alger malgré l'Angleterre.

Plus tard lord Aberdeen n'a plus parlé
de conventions, de promesses écrites d'éva-
cuation; il a seulement allégué des engagements personnels qu'aurait pris le chef
du gouvernement français, mais il n'a pas
insisté sur la production des documents
diplomatiques à ce sujet. La presse anglaise
se saisissant des motions de lord Aberdeen
et de celles de lord Londonderry supposait
qu'il y avait quelque engagement qu'on ne
pouvait avouer. C'est ce que soutenaient
aussi les journaux français hostiles au gouvernement. «On a beau, disaient-ils, presser
les ministres à la tribune, ils ne se pronon-
cent point catégoriquement sur cette question si simple : Garderons-nous ou évacue-
rons-nous Alger? Ils ont cependant fini

par dire en dernier lieu que, s'il était démontré qu'il y eût pour la France avantage à garder sa conquête, elle le ferait. Lord Aberdeen et le duc de Wellington ont affirmé l'existence d'un engagement pris par la restauration et confirmé par le gouvernement du 7 août. Le ministère Grey n'a répondu qu'évasivement à ces assertions. Lord Aberdeen dit aujourd'hui qu'à la vérité il n'existait pas de convention formelle et écrite, mais des promesses tellement explicites que la France ne peut se refuser à leur exécution. » C'est dans la réponse de lord Grey au discours de lord Aberdeen qu'il faut, disait le *Courrier français*, chercher à découvrir ce qu'il en est au sujet de ces allégations. Il est impossible, suivant lord Aberdeen, que la Grande - Bretagne laisse à la France une étendue de côtes comme celle que présente la régence d'Alger, sans la rendre maîtresse de la Méditerranée, et lord Grey sans contredire sur ce point, se contente de répondre qu'il y a dans la chambre des députés de France un parti qui fait de la possession d'Alger une question d'honneur pour la France, et que si l'on fournit des armes à ce parti, les mi-

nistres (anglais) ne pourront que difficile-
ment finir cette affaire.

Le journaliste cité concluait de là qu'il
y avait accord des deux côtés pour faire
échouer les essais de colonisation et venir
ensuite de la part du gouvernement français déclarer à la tribune que toutes les dépenses faites dans ce but n'ayant produit
aucun bon résultat, il était de l'intérêt de
la France d'abandonner Alger.

A ce langage qui décèle la haîne portée
par un certain parti au gouvernement de
S. M. le roi Louis-Philippe, que peut-on
opposer de plus décisif et de plus authen-
tique pour démontrer que jamais il n'y a eu
de la part de la France un engagement for-
mel et arrêté d'abandonner sa conquête,
que la correspondance officielle entre le
gouvernement de S. M. le roi de la Grande-
Bretagne, représenté par lord Aberdeen,
alors son ministre des affaires étrangères,
et lord Stuart de Rothsay, son ambassadeur à Paris, et le gouvernement de S. M.
le roi de France, représenté par le prince
de Polignac, son ministre de l'extérieur et
M. le duc de Laval, son ambassadeur à
Londres ? Les pièces de cette correspon-

dance remontent jusqu'au 12 et au 17 de mai, et au 12 et 5 mars 1830. (Pièces n° 2. On peut même ajouter que dans le discours d'ouverture du parlement anglais, le 2 novembre 1830, il n'est aucunement question d'Alger.

En dehors des débats de la chambre des députés de la France, on disait « que la position du gouvernement, quant à la question d'Alger, n'était plus tenable. Le système militaire introduit dans cette acquisition avait rendu le nom français odieux à toute l'Afrique, et l'on demandait : qu'est donc Alger ? ce n'est pas un département de la France : car rien ne s'y fait comme dans l'intérieur du royaume ; ce n'est pas une colonie : car on ne sait encore, si le gouvernement veut la garder : ce n'est qu'une espèce de *Botany-Bay* pour les patriotes. » Mais tout en attaquant le gouvernement, les partis ne ménageaient pas plus le maréchal Clausel qu'ils semblaient cependant indiquer pour gouverneur de l'Algérie. « Le caractère des habitants d'Alger, avait dit le maréchal dans une de ses lettres, semble-t-il tel qu'aucun rapprochement ultérieur ne soit posssible entre eux et les colons, et qu'il faille *de toute nécessité* les détruire pour occuper le sol ? » On faisait au maréchal un crime d'*élever des doutes* sur une telle nécessité, quoique l'intention contraire fût hautement manifestée dans le reste de la lettre. D'un autre côté, pour embarrasser le gouvernement du 7 août, on ne manquait pas de représenter « que la rivalité entre l'Angleterre et la France n'était pas douteuse ; qu'avec Malte et Gibraltar, la Grande-Bretagne dominait toute la Méditerranée, et que l'occupation d'Alger ne pouvait manquer de l'inquiéter. » Ce n'était pas seulement, disait-on, l'opposition de Londres que la France avait à redouter ; c'était celle de toutes les puissances européennes. Et après avoir reproduit ces demandes : Veut-on seulement occuper quelques points ? Veut-on coloniser Alger? Veut-on l'abandonner ou le céder? on se contentait d'ajouter, en parlant des ministres : « *Vous n'avez pris aucun engagement ; mais vous n'assurez pas que vous n'en prendrez point...* » Au mois de juin 1833, le gouvernement français n'avait donc contracté aucun engagement pour l'abandon d'Alger ; mais pour mettre toutes les passions en jeu dans cette affaire importante, on blessait la délicatesse du maréchal Clausel, en disant, alors même, qu'on annonçait qu'il était nommé gouverneur-général, que sa condescendance envers le pouvoir était plus probable que celle du pouvoir envers lui. On ne manquait pas, non plus, d'alléguer le mécontentement que témoigneraient les populations du midi de la France, si l'on renonçait à cette colonie. Ce n'était pas vider la question. Le ministère était entré dans la voie des explications. Il avait donné l'assurance que la France n'était liée par aucune convention publique ni secrète. Que restait-il donc à examiner ? Quatre choses : 1° le gouvernement avait-il jusque là fait ce qu'il avait pu et dû faire au sujet de sa conquête ; 2° quelle pouvait être l'opinion de chaque puissance européenne à cet égard et notamment celle de l'Angleterre ; 3° quel était l'intérêt général de la France, celui des colons, et surtout celui des indigènes ? De ces questions simples et naturelles, on n'en voyait qu'une seule, c'était l'insistance que l'on attribuait à l'Angleterre pour la retraite de l'armée d'occupation, et dont on lui disait faire la condition de la paix ou de la guerre : c'étaient là tout autant de suppositions sans réalité. Le maréchal ministre de la guerre, en France, proposa la formation d'une commission pour examiner et rapporter tout ce qui concernait la possession d'Alger, afin d'éclairer et le gouvernement et les chambres et même toute la nation sur les avantages qui pouvaient résulter pour elle de la conservation de cette conquête. Qu'allégua-t-on alors ? qu'il fallait qu'Alger fût une ville libre, conservant provisoirement sa langue, sa religion, ses usages ; et le parti qui proposait des choses *si sensées* ou *si insensées*, ne se faisait faute d'ajouter pour mettre la nation au fait de ses principes et de ses arrière-pensées, que le *Koran* n'était pas moins libéral que l'*Évangile*. Les événements, la conduite du ministère français et ses actes publics relatifs à tout ce qui touche la question d'Alger ont montré jusqu'au dernier degré d'évidence que toutes les invectives et tous les reproches qu'on a lancés contre le gouvernement n'étaient aucunement mérités. Les documents que s'était procurés la première commission d'Afrique n'ayant pas paru suffisants, il en fut nommé une seconde, et la majorité des membres s'est depuis prononcée pour la conservation de l'Algérie. Il s'est commis des fautes, l'aveu en a été fait; mais était-il impossible d'en faire? On a cherché, dès qu'on en a eu connaissance, les moyens d'y rémédier et d'empêcher qu'elles ne se renouvelassent. On est, au sein même de la chambre des députés, tombé d'accord qu'il avait été difficile que les chefs et les autres agents du gouvernement gardassent toujours une infatigable modération, quand certaines tribus des indigènes ne mettaient aucunes bornes à leurs excès, et qu'elles massacraient sans distinction d'âge et de sexe tout autant de Français qu'elles en surprenaient ou qui tombaient entre leurs mains; qu'enfin les Kabaïls, tant des environs de Bone que de Bougie et d'Oran, semblaient résister à tous les moyens jusqu'alors employés pour les amener à vivre en paix avec les troupes françaises.

Vers le même temps (en juin 1833) le comte d'Aberdeen annonçait à la chambre des pairs que de nouvelles circonstances lui faisaient un devoir de revenir sur la

question d'Alger. « Des feuilles françaises
ayant prétendu que le cabinet des Tuileries
n'avait pris aucun engagement relativement
à la possession d'Alger, j'ai cru, dit-il, devoir, il y a quelques jours, demander communication de la correspondance qui avait
eu lieu à ce sujet entre les deux gouvernements. Je me contenterai de faire observer
qu'il est impossible d'interpréter la teneur
de la plus grande partie de ces documents
autrement qu'elle l'a été jusqu'à ce moment
par des hommes d'honneur, de sens et de
loyauté. Mais il existe d'autres pièces qui
prouveraient que des engagements positifs
au sujet d'Alger ont été ratifiés par le roi
des Français et par ses ministres. » (Qui ne
croirait entendre parler un autre Caton,
dans le sénat anglais, et dire avec la fierté
du Romain : Les Français hors d'Alger !)
Mais voici la réponse de lord Grey ? « Je
crois devoir déclarer qu'à l'exception de ce
qui a été dit à la tribune et dans les journaux (de France), je n'ai reçu au sujet
d'Alger aucune communication officielle
du gouvernement français.» A cette déclaration du chef du ministère anglais,
on peut sans crainte ajouter ce qu'a

répété ensuite lord Aberdeen, d'après le
parti pris par le gouvernement français
de garder Alger, parti avoué par le maréchal ministre de la guerre : « Vos sei-
gneuries (les pairs anglais) ont pu voir que
la France a enfin levé le masque et déclaré
sa ferme résolution de retenir en sa possession la colonie d'Alger au mépris de
toutes les promesses contraires (in defiance
all promises that had been made to the
contrary). Je demande au noble comte
Grey ce que nous avons gagné en faisant
toutes ces concessions à la France? Le préo-
pinant, répondit le comte Grey, nous re-
proche d'avoir cultivé l'alliance de la France
*au détriment des intérêts les plus chers de
notre pays.* Non, nous n'avons point sacrifié les intérêts de l'Angleterre, et si nous
avons travaillé à rendre l'alliance avec la
France aussi intime que possible, c'est que
loin d'être déshonorante pour la Grande-
Bretagne, cette alliance lui est au contraire
très-avantageuse. » Quiconque sait à quel
point tout Anglais est en tout et pour tout
égoïste en faveur de son pays, et combien
il y rapporte tout, ne pourra douter que
s'il existait (maintenant même qu'il y a eu

changement de ministère) quelque document qui prouvât un engagement pris par le gouvernement français, il n'eût été alors communiqué ou qu'il ne le fût aujourd'hui publiquement. Les dénégations faites à ce sujet par le ministère français acquièrent donc par l'authenticité qu'on leur a donnée un tel degré de vérité qu'il est impossible de n'y pas ajouter foi et de conserver encore le moindre doute à cet égard.

Les partis s'accordaient cependant à accuser le gouvernement du 7 août, de ne pas aider à la colonisation d'Alger, afin qu'il trouvât plus tard un prétexte de renoncer à l'occuper. Cette accusation ne peut se soutenir devant le récit des faits. Tout ce qui s'est passé depuis les discussions à la chambre des députés de France en 1833 et 1834, ajoute à la conviction qu'on doit avoir que, puisque la France, après avoir invité les autres puissances à coopérer à la destruction de la piraterie par l'occupation d'Alger, a seule exécuté cette entreprise, elle a seule le droit de garder sa conquête et qu'elle n'a pu être amenée par aucune nécessité à s'engager envers l'Angleterre à abandonner ce qu'il lui a fallu acheter au prix du sang de ses défenseurs.

Et voici sur quoi l'on peut s'appuyer pour prouver irrévocablement ces assertions : car il faut qu'il demeure prouvé aux puissances européennes que la France est absolument déterminée à garder pour elle seule ses conquêtes dans le Nord de l'Afrique. Ceci semble donc exiger qu'on ne laisse ignorer aux lecteurs rien de ce qui s'est passé pour amener les chambres et le gouvernement à prendre cette détermination. Que l'on veuille donc permettre d'entrer dans tous les détails qui peuvent établir la conviction que désormais la force seule pourra chasser les Français de l'Algérie. On était donc bien dans l'erreur à Constantinople quand au mois de juin dernier, en 1837, quatre mois seulement avant la prise de Constantine, on semait le bruit que le roi des Français abandonnerait Alger et que ce pays rentrerait sous la domination du sultan.

En avril et mai 1834, la chambre des députés français s'occupa de la possession d'Alger, au sujet de l'article du budget de la guerre, concernant les dépenses de cette colonie. M. de Sade, membre de la commission d'enquête sur la situation de ce pays, avança que l'occupation d'Alger coûtait plus de 30 millions, qu'on y entretenait 30 mille hommes, et qu'on ne dépensait guère moins de 40 millions à Alger, tandis que les ressources de la localité ne donnaient pas plus de 13 cent mille francs, de sorte que dans quelques années la France y aurait enterré un milliard. Selon lui, la commission d'Afrique avait porté la dépense à 27 millions en élevant la force de l'armée d'occupation à 28 mille hommes, puis à 21. Il exposait que les colons voudraient, comme l'a fait la compagnie anglaise des Indes, sans cesse s'étendre et conquérir, et que les populations échapperont à tous les efforts de civilisation et qu'il n'y a aucun moyen de fusion à espérer. L'orateur reproduisit tous les reproches faits par les indigènes aux administrations françaises, et allégua de plus que les producteurs français se souleveraient contre l'introduction des produits et des grains d'Alger : qu'il était douteux, qu'à l'exception des cannes à sucre, et peut-être de la canelle et des épices, les denrées coloniales pussent réussir dans ce, pays; enfin il prétendait qu'au cas de cessation de bonne amitié entre la France et l'Angleterre, il suffirait d'un ordre de l'amirauté anglaise pour interrompre les communications de la France avec Alger, et que, dans la consommation que fait l'Algérie, les produits français n'y entraient que pour trois millions. Il fallait donc, concluait-il, que la France se bornât à l'occupation temporaire d'Alger et de sa banlieue, sauf au gouvernement à décider le moment de l'abandon définitif. Et avec cette opinion M. de Sade n'en vantait pas moins le bienfait résultant pour toute la chrétienté de la destruction de la piraterie et désirait que ce résultat ne fût pas perdu : ce qui semblait impliquer contradiction. Les raisons alléguées pour et contre la conservation de l'Algérie tant au sein de la chambre des députés qu'au dehors ne frappent point autant le lecteur que les déclarations répétées par le ministère, que l'intention du gouvernement est de garder Alger.

M. le maréchal Clausel qui, pour avoir été sur les lieux et avoir administré la colonie, devait avoir des connaissances exactes à ce sujet, combattit énergiquement l'opinion de M. de Sade. « Ce n'est qu'en France, dit-il, qu'on peut mettre en doute l'utilité pour elle de la conservation de sa conquête; ce n'est qu'en France qu'on ne veut pas concevoir qu'il vaut mieux produire soi-même chez soi à bas prix ce qu'on va acheter chez les autres à des prix élevés. C'est le précieux avantage que la conquête d'Alger, offre, si l'on veut et si l'on sait tirer parti de la belle conquête que la fortune a fait tomber entre les mains des Français. Si les colons expriment souvent des vœux peu écoutés de la commission, c'est qu'ils sont entraînés par une impulsion toute patriotique, et qu'il y a là une source féconde, inépuisable de prospérité pour la France. Les calculs de la commission sur la force des troupes employées à l'occupation et sur les frais peuvent être justes, mais ils ne détruisent pas ce qu'on a dit de la fertilité du sol, de la richesse du pays et de la possibilité de rendre l'occupation moins onéreuse d'année en année. Il y a des moyens d'arriver en peu de temps à couvrir toutes les dépenses et à obtenir des bénéfices sur l'excédent des recettes. Tout ce qu'on a dit

de merveilleux sur ce pays est une réalité
et l'on en sera convaincu, dès que le gouvernement favorisera irrévocablement la
colonisation. Occuper, c'est seulement dé-
penser; coloniser, c'est produire; c'est diminuer la dépense, c'est enrichir la France.
Les **30** millions de dépenses pour l'armée
d'occupation et les **30** mille hommes dont
celle-ci se compose, nécessaires aujourd'hui,
le seront moins après l'arrivée des colons.
D'ailleurs **30** mille hommes ne doivent coû-
ter qu'environ **22** millions en Afrique, et la
marine, **3** millions, ce qui ne fait en tout
que **25** millions, et en France les **30** mille
hommes coûteraient **18** millions. La commission d'Afrique aurait dû présenter l'état
de ce que la France paie pour les denrées
coloniales et l'impression que produit une
dépense de **30** millions eût été détruite, si
l'on voulait se persuader que l'occupation de
l'Algérie peut produire à meilleur marché
tout ce que la France demande à l'Améri-
que et tout ce que l'Europe lui fournit,
c'est-à-dire plus de **500** millions. La France
a, en **1832** payé **80** millions pour le blé introduit dans ses départements ; l'Algérie le
donnerait, dans les temps de disette, à

moins de 40 millions. Pour affranchir la France de ce tribut payé à l'étranger, il faut qu'elle garde la régence et la colonise. S'il fallait abondonner Alger, parce que l'occupation coûte maintenant 25 ou 30 millions, il s'ensuivrait en appliquant ce principe aux possessions et aux départemens de laFrance, qu'il faudrait délaisser tout ce qui ne rend pas quelque avantage ou quelque compensation pécuniaire égale à la dépense. Alger ne rapporte rien aujourd'hui, mais Alger est susceptible de rendre plus qu'il n'aura coûté à la France. La commission suppose que les Arabes seront toujours hostiles et que leur aversion sera constamment inflexible; mais les villes de Blida, de Medéah et plusieurs autres ont réclamé la protection de la France, et des milliers d'Arabes entrent journellement à Alger avec des provisions, et travaillent pour le compte des Français. Enfin en cas de guerre, les 30 mille hommes qui sont dans l'Algérie ne sont pas pour fondre avec la marine sur le point le plus vulnérable de celle des puissances qui attaquerait la mère-patrie.Quant à la colonie, dès qu'elle aura été décrétée, organisée, protégée, cinq ans lui suffiront pour se défendre contre toutes les attaques d'un ennemi, quel qu'il soit. »

Pressé par les exigences de la discussion, le président du conseil répéta que *le gouvernement n'avait jamais entendu abandonner Alger* et qu'on en avait pour preuve tout ce qui avait été fait pour s'y affermir, qu'enfin cette pensée était toujours celle du gouvernement, que c'était pour obtenir tous les documents désirables que le roi avait nommé successivement deux commissions chargées de se rendre sur les lieux.

Le maréchal, ministre de la guerre, fit plus : à ces questions qui lui étaient adressées le 18 juin 1833 par M. le maréchal Clausel, dans la chambre des députés : « voulez-vous coloniser Alger ou l'abandonner ou le céder ? » Il répondit clairement « Le gouvernement favorisera le plus possible la colonisation ; il n'a aucun engagement pris pour l'abandon, avec aucune puissance, et sa conduite sur toute la côte d'Afrique prouve que son intention est d'affermir l'occupation d'une manière si nette qu'on n'ait rien à craindre de tout venant. »

Rien de la part du gouvernement n'a pu

depuis faire soupçonner qu'il ait changé
de détermination. L'expédition contre Mascara, à laquelle le prince royal prit une part
active et dans laquelle il fut blessé, prouva
à l'émir Abd-el-Kader que la France voulait asseoir solidement sa puissance dans le
Nord de l'Afrique, et c'est à cette idée
qu'ont dû inspirer aux indigènes tous les
préparatifs de la France pour se maintenir
dans les lieux qu'occupent ses troupes, que
doit être attribuée la paix que l'émir a
enfin conclue avec le général Bugeaud.

La conduite d'Achmet, bey de Constantine, n'avait depuis les premiers combats
livrés par les Français, aux approches d'Alger, et dans lesquels il avait soutenu la
cause du dey, cessé d'être hostile envers
les troupes de la France. Il ruina la ville
de Bône, après qu'ils l'eurent la première
fois occupée, et depuis il a constamment
encouragé les kabyles dans leur résistance
et dans leurs attaques. Il a mis en usage la
superstition et le fanatisme de ces tribus
féroces. L'inutile apparition du maréchal
Clausel sous les murs de sa capitale, en
1836, l'avait encore rendu plus difficile
sur les conclusions d'un traité avec la

France, et il ne restait plus que la voie des armes après que le roi des Français eut, le 27 décembre 1837, à l'ouverture de la session des chambres pour 1837, fait cette déclaration : « Nous avons éprouvé en Afrique des pertes douloureuses. Elles ont vivement affligé mon cœur; mon second fils a partagé, comme l'avait fait son frère, les souffrances et les dangers de nos braves soldats. Si le succès n'a point répondu à leurs efforts, du moins leur valeur, leur persévérance et leur admirable résignation ont dignement soutenu l'honneur de nos drapeaux. Vous voudrez avec moi assurer, en Afrique, à nos armes, la prépondérance qui doit leur appartenir et à nos possessions une complète sécurité. »

L'expédition d'octobre 1837 a été couronnée d'un plein succès. Le boulevard des Arabes insoumis est après six jours d'attaques tombé au pouvoir des Français, et la possession de cette place leur assure celle de toutes les autres. A l'avantage d'être assez éloignée des côtes pour ne pas être surprise par un coup de main, elle joint celui de sa situation élevée et d'être défendue par la nature et par l'art.

Les principaux négociants d'Alger, les membres de la commission des colons et ceux de la chambre des députés de la France, ont rendu de trop bons témoignages de la conduite du maréchal Clausel pendant le gouvernement qui lui avait été confié, pour ne pas être d'accord avec eux sur les services qu'il a rendus dans ce pays ; mais le maréchal se trompait, quand pour se rendre maître de Constantine, il comptait sur les intelligences qu'il pouvait s'être ménagées parmi les tribus de l'intérieur.

Le caractère, les mœurs, les usages, la religion, établissent entre les indigènes et les Français des différences et des oppositions trop sensibles, trop frappantes, pour qu'on puisse spontanément se promettre de trouver chez eux de la fidélité à tenir des engagements contractés par nécessité. Aussi l'expédition commandée par M. le général Damrémont et S. A. R. le duc de Nemours n'a-t-elle point été ralentie par les avances que l'imminence du péril dictait seule à Achmet-Bey. La force était devenue le dernier moyen, l'*ultima ratio*, et il fallait la réussite, la prise de Constantine, pour prouver aux tribus arabes, aux féroces kabyles, la supériorité des armes françaises sur leurs moyens de défense.

Le *Morning-Post*, journal devoué, dit-on, au parti tory, s'est exprimé ainsi au sujet du succès des armes françaises en Afrique. « La prise de Constantine est un événement d'une haute importance et qui accroîtra considérablement la force du gouvernement de Louis-Philippe... Les armes françaises ont eu leur revanche, et le désastre de l'an passé a été expié par le sang ennemi. *La France et sa dynastie* peuvent se rejouir; mais il n'en est pas de même pour l'Angleterre, et nous ne saurions nous empêcher de dire que la consolidation du pouvoir de notre grande rivale, dans le Nord de l'Afrique, est loin d'être un événement satisfaisant pour nous. Quand Charles X prépara l'expédition qui devait subjuguer Alger, le duc de Wellington demanda au cabinet des Tuileries des explications sur ses intentions concernant l'avenir d'Alger, et il reçut (le duc n'a jamais affirmé rien de tel, quoiqu'il ait appuyé la demande d'éclaircissements à ce sujet faite par lord Aberdeen) l'assurance formelle que dès qu'on aurait rabattu l'insolence du dey... l'armée expéditionnaire rentrerait en France. Cette assurance a été renouvelée par le roi Louis-Philippe depuis 1830 (le journaliste serait embarrassé de rien préciser à cet égard), nous n'avons pas besoin de dire comment ses promesses ont été rompues. On voit que la France a résolu d'asseoir définitivement ses établissements militaires en Afrique, et, qui plus est, de ne pas se contenter de ses premières conquêtes. La prise de Constantine n'est que *le complément de son plan d'occupation*.... La France a acquis une position ferme et redoutable sur la côte méridionale de la Méditerranée, position qui diminue considérablement l'importance de notre possession de Malte. »

Ce langage du journaliste anglais n'offre rien de nouveau; c'est la répétition des allégations du parti tory, mais toujours sans preuves et sans précision.

La France gardera Alger et Constantine. C'est le prix du sang de ses soldats et de celui de ses généraux.

Constantine est, s'il faut en croire les derniers rapports, plus de deux fois plus grande que la ville d'Alger, et peut réelle-

ment contenir de 50 à 60 mille habitants.
Les murailles en sont très-fortes et hautes
de 35 pieds. Le pays est à 14 lieues à
l'entour très-bien cultivé. C'est donc un
avantage précieux qu'offre cette conquête,
puisque, si la garnison qui y sera laissée est
assez nombreuse pour être respectée des
tribus établies sur le territoire, elle trouvera facilement les moyens d'assurer sa
subsistance.

S'il fallait 16 mille hommes au dey d'Alger pour maintenir l'ordre et l'exactitude
dans l'acquit des impôts levés dans le pays
sur ses co-religionnaires, il n'est pas étonnant qu'il en faille trente mille pour assurer aux Français les mêmes avantages.

Déjà l'on parle de restaurer le port de
Stora, d'où le trajet à Constantine est infiniment plus court que de tout autre point
de la côte. Multiplier les abords sûrs et
faciles, ce sera augmenter les moyens de
communication, les débouchés des pro-
ductions du pays et les richesses.

On a établi à Alger des tribunaux pour
les affaires civiles et commerciales; on a in-
stallé de nouvelles autorités dans toutes
les autres places occupées, ouvert des rou-

tes jusqu'à une certaine distance dans l'intérieur; la France continuera certainement, et c'est quand elle aura, par les emplacements des corps de troupes, disposés de manière qu'ils puissent se secourir réciproquement, établi la sécurité dans l'intérieur et sur les routes, qu'elle pourra tirer de la possession de l'Algérie tous les avantages que lui assure la fertilité du pays.

Les proclamations des représentants du gouvernement français ont recommandé le respect des propriétés et de la religion. Les propriétés se transmettent généralement parmi les Musulmans au moyen de wakfs, fondations pieuses faites en faveur des mosquées, et par lesquelles le wakif ou fondateur cède la propriété à Dieu et l'usufruit à ses héritiers ou à ceux qu'il désigne, mais toujours à la charge d'une certaine redevance annuelle aux mosquées. La religion musulmane consiste principalement à croire un seul Dieu et que Mahomet est son prophète ; à faire l'aumône aux pauvres, 5 prières par jour (1), les absolu--

---

(1) Au lever de l'aurore, à midi, à trois heures, au coucher du soleil et environ deux heures après.

La prière publique se fait le vendredi, et elle est d'obligation dans les mosquées.

tions et purifications légales (1), le pélerinage de la Mekke; à observer les jeûnes prescrits et à payer la dîme (2). Il n'y a jamais de quêtes dans les mosquées ni pour les pauvres ni pour le temple ni pour ses ministres. Rien n'y trouble l'exercice du culte public, et l'on n'y souffre ni tableaux ni statues.

C'est de la différence du culte (3), autant que de celle des mœurs, que naissent et l'éloignement des indigènes pour les usages européens et leur opposition constante à établir des communications avec les Français. Ceux-ci pour se concilier les esprits et inspirer de la confiance aux tribus arabes et maures, qui toutes professent le

(1) Croyants, avant de commencer la prière, lavez-vous le visage et les mains jusqu'aux coudes.

(2) A la fête du Courban Beiram, chaque père de famille doit offrir un sacrifice proportionné à ses facultés. Cette fête arrive six semaines après le *Radmadhan* et rappelle la pâque des juifs.

(1) Il y a 4 rites orthodoxes, 73 sectes et environ 40 ordres de religieux. Dans les 7 anciennes copies du *Cour'aan* on compte 6 mille versets, ou 6 mille 214, 6 mille 236 et dans la dernière 6 mille 225, 77 mille 639 mots et trois cent vingt trois mille quinze lettres.

mahométisme, s'attacheront certainement
à ne les gêner en rien dans l'exercice de
leur culte et à ne pas heurter de front les
usages et les habitudes du pays. C'est un
fait incontestable que les indigènes témoi-
gnent de l'aversion pour toute innovation
dans leur manière de vivre et que la résolution non seulement des Bédouins, mais
de tous les Arabes, de s'opposer à ce que
l'établissement des Français dans l'Algérie
se consolide, tient à des motifs religieux
puisés dans le texte de leur loi, elle leur
dit : « Combattez vos ennemis jusqu'à ce
que le culte divin (l'islamisme)(1) soit établi.
(Koran, ch. 2. v. 60). L'infidèle qui refuse
de croire est plus abject que la boue aux
yeux de l'éternel. (ch. 8. v. 56). Combattez
jusqu'à ce qu'il n'y ait plus de schisme, et
que la religion sainte triomphe universel-
lement. (v. 39). Certainement les chrétiens,
les juifs incrédules et les idolâtres sont les
plus pervers des hommes...» Enfin le meurtre
d'un chrétien est, dans l'opinion de ces bar-

---

(1) Ce culte compte environ 120 millions d'adhérents. Le mot *islamisme* signifie *résignation* et vient
de l'Arabe *islâm* résigner.

bares, le plus agréable sacrifice qu'ils puissent offrir à Dieu. C'est en prêchant ces maximes aux tribus, surtout pendant le Ramadhan, (la Pâque), que leurs Marabouts les excitent à mourir plutôt que de se soumettre. Ce n'est cependant pas que malgré l'ignorance dans laquelle sont plongés la plupart des Musulmans et malgré leur aveugle attachement à leur croyance, il ne se soit trouvé au milieu d'eux des esprits forts, des philosophes du 18e siècle, des espèces d'incrédules. Voici quelques lignes dans ce sens, tirées des écrits d'Aboulola, Ahmed ben Soliman-al-Tenoukhi (de la tribu des Tenoukh), Al-Maarri (de Maarra), Alami (l'aveugle), mort en 449, de l'hégyre, 1057 de J.-C.

« Jsa (Jésus) est venu, qui a aboli la loi de Moussa (Moïse). Mahomet l'a suivi, qui a introduit ses cinq prières par jour.

Ses sectateurs disent qu'après lui, il n'y a plus d'autre prophète à attendre, et ils s'occupent ainsi inutilement depuis le matin jusqu'au soir.

Dites-moi maintenant, depuis que vous vivez dans l'une de ces lois,

Jouissez-vous plus ou moins du soleil ou

de la lune ? si vous me répondez imperti-
nemment, j'éleverai ma voix contre vous ;

Mais si vous me parlez de bonne foi, je
continuerai de parler tout bas :

Les Chrétiens errent çà et là dans leurs
voies, et les Mahométans sont tout à fait
hors du chemin :

Les Juifs ne sont plus que des momies
et les Mages de Perse que des rêveurs:

Le partage du monde est donc réduit à
deux sortes de gens dont les uns ont de
l'esprit et n'ont point de religion ; les autres ont de la religion et peu d'esprit.
(Dernière édition du Moréri 1756 - 7,
page 55.). »

Ce serait se tromper que de croire que
dans le Koran il n'y ait pas des préceptes
que les plus sages législateurs se feraient
honneur d'avoir donnés. Tel est celui-ci :
« Le peuple est la famille de Dieu, sur la
terre, et le fidèle le plus chéri est, à ses
yeux, celui qui est le plus utile à cette famille. »

Les chefs de la religion, considérés en
Turquie, le sont peu dans les états barbaresques. Les Mauresques ne sont point
admises aux cérémonies religieuses.

Comme la pluralité des femmes est auto-
risée par la loi, les Maures en prennent
autant qu'ils peuvent en nourrir. Dans
leurs fêtes les hommes et les femmes sont
toujours séparés. Elles s'occupent de l'édu-
cation des enfants et des soins du ménage;
mais soumises à la coutume immuable de
l'Orient, elles ne font pas même, à table,
société avec les hommes.

Chez les Algériens, comme chez les
Turcs, la beauté des femmes consiste
dans l'embonpoint. Prendre fréquemment
des bains, se farder le visage, se teindre le
bout des doigts et se noircir les sourcils,
souvent même les cheveux, voilà pour elles
autant d'usages et d'occupations. Elles
s'habillent presque aussi simplement que
les hommes, et ceux-ci, pour la plupart,
n'ont pour vêtement qu'une pièce de laine
dans laquelle ils s'enveloppent, surtout
dans les campagnes, et lorsqu'ils ne sont
pas dans l'aisance; mais pour l'ordinaire les
femmes portent les cheveux nattés. Chaque
tribu, chaque douar (1) a son chef nommé

_____

(1) On comptait trente mille douars sous la dépendance d'Alger.

scheik (1). Les Arabes vivent à peu près comme les Maures, mais ils se mêlent fort rarement avec eux, et sont mieux vêtus. On sait que la race de leurs chevaux est vantée à juste titre.

Dans les villes, les Maures qui font le commerce s'habillent beaucoup mieux que ceux des campagnes. Leur vêtement se compose d'une chemise de soie ou de coton, d'une espèce de robe par dessus une camisole de drap à manches serrées et courte, d'une ample culotte, et de pantoufles de maroquin, enfin d'un *bernus* ou manteau de drap. La coiffure est une calotte autour de laquelle est roulée une pièce de coton en façon de turban.

Les Turcs fixés dans l'Algérie sont la partie la moins ignorante de la population. Quant aux Juifs, ils habitaient partout un quartier séparé, et y étaient traités avec mépris. Depuis 1830, le consistoire central des Israélites a organisé une huitième circonscription consistoriale dont le siége est à Alger.

(1) Le mot *scheik* signifie vieillard.

CONCLUSION.

Parvenus à occuper à **40** lieues des côtes de la Méditerranée, dans l'intérieur de l'Afrique, une place d'armes telle que Constantine, le gouvernement français devrait-il dans cette nouvelle et belle acquisition, qui pour des bâtiments à vapeur n'est éloignée de Marseille que de trois jours de route, se proposer autre chose que d'en faire une colonie qui puisse un jour surpasser les plus belles possessions de l'Angleterre ?

On a reproché au caractère français d'être sujet à des changements. Prompt à s'exalter dans le succès, il se décourage facilement quand la réalité ne répond pas à ses espérances aussi vîte qu'il le désire. La ténacité et la patience ne sont cependant nulle part plus nécessaires que dans la fondation et l'administration des colonies. C'est ainsi que l'Angleterre a fondé les siennes, et, quoiqu'elle ait eu à lutter et contre la nature et contre les mœurs féroces des populations au milieu desquelles elle les établissait, elle a tout dompté par sa persévérance et son courage. La France qui a fait de si grandes choses est-elle donc privée de ce génie de colonisation que sa rivale possède si éminemment ?

Avoir représenté la colonisation comme impossible, c'est avoir commis une erreur, c'est être de mauvaise foi. La population européenne quoique lente dans ses accroissements n'en est pas moins en voie de progrès. Elle n'était à la fin de 1830 que de 546 individus, et dans ce moment elle est au moins de 17,000, sans compter le militaire.

L'état général des recettes de la régence a également suivi une marche croissante. En 1831, elles ne montaient pas encore à un million de francs, et en 1834 elles excédaient 2 millions 500 mille francs.

Dès le mois de mars 1835 il y avait près de 7 mille hectares mis en culture et 25,500 oliviers sauvages greffés.

La culture de l'indigo et celle du coton, avaient donné les plns belles espérances.

Dans le tableau du *commerce général* de la France pendant l'année 1832, Alger figure dans la valeur des importations pour 1 million 258 mille fr. et dans celle des exportations pour 9 millions 230 mille fr.

Nous présumons que ces valeurs auront pour les années postérieures été en proportion de l'accroissement du commerce général.

Depuis la prise de Constantine, on ne sait rien de positif sur la manière dont le gouvernement français compte régler et organiser définitivement l'administration des pays conquis. On est réduit à .croire qu'il proposera aux chambres des mesures à ce sujet. Rien ne nuit plus à la prospérité et au développement d'une colonie naissante qu'un régime exceptionnel trop longtemps prolongé.

Des plaintes se sont élevées dans les chambres sur les dépenses que coûtaient les troupes d'occupation, par ce qu'on jugeait ces troupes trop nombreuses. Cependant il importe d'être fort dans les commencements d'un changement de domination.

Pour diminuer les dépenses, il fut d'abord créé dans chaque village soumis un nombre illimité de cavaliers sous le nom de *Spahis del Fahs*, obligés de se monter et équiper à leurs frais, et recevant une paie ordinaire de 60 centimes par jour.

Des 154 régiments qui existaient en France en 1834, 10 de 2 bataillons chacun, étaient destinés à maintenir l'occupation de l'Algérie. Il est à croire qu'il est, avec une plus grande étendue de territoire, devenu nécessaire d'augmenter le nombre des troupes permanentes.

La mort de Sidi-Mustapha, bey de Tunis, qui s'était constamment montré l'ami de la France, et son remplacement par Sidi-Achmet son fils sur lequel peuvent agir d'autres considérations, mettent peut-être le gouvernement français dans la nécessité de tenir de ce côté un plus grand nombre de troupes, au moins pour quelque temps.

S'il faut ajouter foi au *Constitutionnel*, « la France conservera Constantine. Cette ville deviendra le siége du gouvernement de la province ; les autorités y résideront (1), et elle aura une forte garnison... Le port de Stora, si célèbre du temps des

(1) Stora sur une chaussée romaine qui se dirige vers Constantine, et que l'on dit bien conservée, est dans une vallée fertile, bien arrosée et peut recevoir de grands accroissements. Il est présumable que c'est à Stora que le général Damremont avait projeté de former un vaste port.

Romains sera rétabli ... l'on y fondera une ville.» Il n'y a que 15 ou 20 lieues delà à Constantine, tandis qu'il y en a 40, de Bone.

Nous nous sommes longuement étendu sur la question de savoir si la France était liée par quelque convention publique ou secrète au sujet de la conservation ou de l'abandon d'Alger; mais nous avons cru que les allégations de lord Aberdeen et de lord Londonderry dans le parlement anglais pouvaient laisser quelque doute en des esprits qui ne seraient pas suffisamment éclairés sur la matière et nous avons voulu détruire jusqu'au moindre doute. Le gouvernement français a clairement déclaré au sein des chambres par l'organe des ministres qu'il est libre de conserver sa conquête et qu'il n'a jamais eu l'intention de l'abandonner.

Le maréchal Vallée succède au général Damrémont dans le gouvernement général de l'Algérie, d'où fut rappelé en 1837 le maréchal Clausel, moins heureux dans l'expédition qu'il commanda contre Constantine à la fin de 1836, et dans laquelle S. A. R. le duc de Nemours partagea les périls et les souffrances de l'armée, que dans l'expédition qu'il avait conduite contre Mascara, en décembre 1835, étant alors, accompagné du prince royal (1). Il annonça par un ordre général du 11 janvier qu'il se rendait à Paris.

Nous avons jugé à propos de reproduire à la fin de cet exposé les pièces officielles publiées par ordre du gouvernement français ou des gouverneurs généraux, sur ce qui s'est passé dans l'Algérie depuis la conquête ou sur ce qui y est relatif; mais nous n'avons mis au nombre de ces pièces que celles qui nous ont paru d'un intérêt général pour le pays et nécessaires pour faire connaître au lecteur les faits les plus intéressants.

(1) Paris le 19 octobre, 1835.
Le duc d'Orléans partira très prochainement pour Alger. Le prince prendra part, comme maréchal-de-camp à l'expédition contre Abd-el-Kader.

PIÈCES OFFICIELLES.

No 1.

PROCLAMATION

ADRESSÉE AUX PEUPLES DE LA RÉGENCE D'ALGER.

Aux Couloglis, fils des Turcs et Arabes habitant le territoire d'Alger.

« Nous, vos amis les Français, nous partons pour Alger ; nous allons en chasser les Turcs, vos ennemis et vos tyrans, qui vous tourmentent et vous persécutent, qui ravissent vos biens et les produits de votre sol, et menacent sans cesse votre vie. Nous ne voulons pas prendre la ville et en rester les maîtres ; nous le jurons par notre sang ; si vous vous joignez à nous ; si vous vous montrez dignes de notre protection, c'est vous qui y régnerez comme autrefois, libres et maîtres dans votre pays natal. Les Français agiront avec vous comme ils ont agi avec vos frères

chéris les Egyptiens, qui ne cessent de penser
à nous et de nous regretter depuis trente ans
que nous avons quitté leur pays, et qui envoient
encore leurs enfants en France pour y apprendre à lire et à écrire, et tous les métiers utiles.
Nous vous le garantissons, nous respecterons
votre argent et tous vos biens et votre religion
sainte, car S. M. le roi bienfaiteur de notre chère
patrie, protége toutes les religions.

» Si vous n'avez pas confiance en nos paroles
et dans la force de nos armes, éloignez-vous de
nous ; mais ne vous mêlez pas avec les Turcs,
nos ennemis et vos ennemis ; restez paisibles
les Français n'ont pas besoin d'aide pour battre
et expulser les Turcs ; les Français sont et seront vos amis sincères ; venez à nous, cela nous
fera plaisir, et vous sera avantageux : si vous
nous amenez des provisions, des fourrages ; vos
bœufs, vos moutons, nous les paierons au prix
du marché ; si vous avez peur de nos armes,
désignez un endroit où se rendront nos fidèles
soldats, sans armes, avec de l'argent en échange
de vos denrées. Ainsi donc la paix soit avec vous,
et la paix soit entre nous, pour votre bien et
pour notre bien. »

N° 2.

DOCUMENTS RELATIFS A L'AFFAIRE D'ALGER.

Correspondance avec l'ambassadeur de S. M. à Paris et communication de l'ambassadeur français à Londres en 1830, relatives à l'expédition française contre Alger.

LE COMTE D'ABERDEEN A LORD STUARD DE ROTHESAT.

Foreign-Office, 5 mars 1830.

Milord, •

Les immenses préparatifs qui se font en France contre Alger et la déclaration contenue à ce sujet dans le discours de S. M. très-chrétienne, ont naturellement éveillé l'attention du gouvernement de S. M. Britannique. V. Exc. connaît déjà le désir sincère qu'éprouve S. M. de voir venger les affronts que le roi de France a eus à endurer de la part de la régence d'Alger et que S. M. T. C. tire la réparation la plus éclatante de cet état barbaresque; mais les forces considérables qu'on est au moment d'embarquer et l'intimation contenue dans le discours de la couronne, dont je vous ai déjà parlé, semble indiquer l'intention de détruire complètement cette régence, plutôt que de lui infliger un châtiment.

Ce changement probable dans la condition d'un territoire si important par sa position géographique ne peut paraître indifférent au gouvernement de S. M., et rend très-désirable pour lui quelques explications au sujet des intentions du gouvernement français. J'ai communiqué ces sentiments au duc de Laval, et ai reçu de S. Exc. les assurances les plus positives des vues entièrement désintéressées du cabinet des Tuileries au sujet de la disposition future des états algériens. Quoique S. Exc. ait écrit à son gouvernement de lui donner les moyens de nous faire une communication officielle à cet égard, j'ai cru nécessaire de vous charger de soumettre ce sujet si important à M. de Polignac.

Il est probable que le ministère français désire nous donner toutes les explications que nous pourrons lui demander. L'union intime et la bonne harmonie qui existent entre les deux pays doivent nous porter à croire que le gouvernement français nous fera une confidence entière sur un sujet qui les intéresse tous deux et dont les résultats pourraient produire de si importants effets sur les relations politiques et commerciales des états de la Méditerranée.

Signé ABERDEEN.

Communication du duc de Laval au comte d'Aberdeen, reçue le 20 mars, en réponse à celle qui précède.

LE PRINCE DE POLIGNAC AU DUC DE LAVAL.

Paris, le 12 mars 1830.

M. le duc, quand nous avons communiqué à

nos alliés la destination des armements qui se
préparent en ce moment dans les ports de
France, nous avons parlé des résultats auxquels
ils pourraient amener, avec cette réserve que
semblent devoir imposer les chances toujours
fort incertaines de la guerre. Plusieurs cabinets
nous ont depuis invités à nous expliquer plus
cathégoriquement sur le but que nous nous pro-
posions d'atteindre par notre expédition contre la régence d'Alger. S. M. désire souscrire à
ce désir autant qu'il dépend d'elle, et m'autorise
à donner à plusieurs cabinets les explications
suivantes. Vous pouvez les faire connaître, Monsieur le duc, au gouvernement de S. M. Britanique.

L'insulte publique faite par le dey à notre
consul a été la cause immédiate de la rupture,
qui n'était déjà que trop justifiée par de nombreuses infractions aux traités, par la violation
de droits que plusieurs siècles de possession
avaient consacrés et par le préjudice porté à
des intérêts d'une grande valeur et d'une haute
importance. Obtenir satisfaction de l'injure faite
à un de ses agents, réparation des affronts faits
à la France et forcer le dey à tenir les engagements qu'il avait contractés, tel est le premier
objet que le roi se propose d'atteindre.

Les événements sont venus successivement
donner plus d'extension aux projets de S. M.
Le dey a ruiné et entièrement détruit tous nos

établissements sur la côte d'Afrique : trois années de blocus n'ont fait qu'accroître encore son
insolence, et au lieu de la réparation qui nous
est due, il parle de réclamations et de préten-
tions qu'il aurait lui-même à élever contre la
France. Enfin il n'a répondu à toutes les propositions amiables que les commandants de nos
forces navales ont été lui faire dans son palais
même, que par un refus positif ; et au moment
même où l'un de nos vaisseaux employé à la
négociation, et portant le pavillon parlementaire, se préparait à sortir du port, il a été sou-
dainement attaqué par le feu de toutes les batteries les plus voisines, sur un signal donné du
château même où résidait le chef de la régence.

En conséquence, Monsieur le duc, le roi,
convaincu qu'aucun arrangement n'est possible
avec le dey, et que, quand même il serait possible de l'amener à conclure un traité quelconque, la conduite antérieure de la régence, com-
parée avec les événements récents, ne laisse
aucun motif de penser que ce nouveau traité fût
exécuté avec plus de fidélité que les conventions
précédentes, si souvent renouvelées et si souvent violées par le gouvernement algérien.

Ces considérations nous ont convaincu de la
nécessité de donner plus de développements à
la guerre. Depuis lors il nous a fallu examiner
par quel moyen on pourrait donner à la guerre
un objet, dont l'importance balancerait les sa-

'orifices qu'elle nous imposerait nécessairement ;
et le roi ne se bornant plus à obtenir réparation
d'une insulte particulière à la France, résolut
de faire tourner à l'avantage de toute la chrétienté l'expédition pour laquelle il faisait faire
des préparatifs. S. M. adopta, comme le principal objet de ses efforts, la destruction complète
de la piraterie, l'abolition totale de l'esclavage
des chrétiens, la suppression du tribut que les
puissances chrétiennes paient à la régence. Tel
sera, si la Providence seconde les armes du roi,
le résultat de l'entreprise dont les apprêts se
font maintenant dans les ports de la France.
S. M. a résolu d'y employer tous les moyens
nécessaires pour en assurer le succès, et si, dans
la lutte qui se prépare, il arrivait que le gouvernement actuel d'Alger fût dissous, dans ce
cas M. le duc, le roi dont les vues en cette circonstance, sont tout-à-fait désintéressées, se
concertera avec ses alliés pour aviser au nouvel
ordre de choses qui devra être établi, au plus
grand avantage de la chrétienté et dans le triple
but qu'on s'est proposé. Vous pouvez, Monsieur
le duc, porter ces communications à la connaissance du gouvernement de S. M. Britanique, et
si lord Aberdeen désire une copie de cette dépêche, le roi vous autorise à la lui donner.

Recevez, etc.   Le prince DE POLIGNAC.

Communication du duc de Laval au comte d'Aberdeen, reçue le 17 mai 1830.

LE PRINCE DE POLIGNAC AU DUC DE LAVAL.

Paris, le 12 mai 1830.

Monsieur le duc,

Au moment où la flotte qui emporte notre armée en Afrique quitte la France, le roi croit nécessaire de faire savoir à ses alliés combien il a été sensible aux marques d'intérêt et d'amitié qu'il en a reçues pendant les moments qui ont précédé le départ de l'expédition dirigée contre Alger. S. M. a demandé leur concours avec confiance ; il a traité, il peut le dire publiquement, une question qu'il a jugé convenable de rendre commune à l'Europe entière. Ses alliés ont répondu à sa confiance, et ils lui ont donné sanction et encouragement : le souvenir ne s'en effacera jamais de sa mémoire.

Pour reconnaître une conduite si loyale et si cordiale, S. M., au moment du départ de sa flotte, croit nécessaire de leur faire connaître le but et l'objet de son expédition contre la régence d'Alger.

Deux intérêts, distincts de leur nature, mais étroitement unis dans l'esprit du roi, ont amené nos armements. L'un est spécial à la France : il s'agit de venger notre honneur, d'obtenir réparation des griefs qui ont été la cause immédiate des hostilités, de préserver nos possessions des actes d'agression et de violence qui les ont si souvent menacées, et d'obtenir pour nous une indemnité pécuniaire qui nous dédommage des frais de guerre qu'Alger nous a occasionnés. L'autre intérêt est celui de la chrétienté tout entière; il s'agit d'abolir l'esclavage, de détruire la piraterie et d'affranchir l'Europe des tributs que lui extorque la régence d'Alger.

Le roi est fermement resolu à ne pas déposer les armes, ni à retirer les troupes d'Alger, sans avoir obtenu et assuré ce double objet ; et c'est pour faire entrer, dans ses vues d'intérêts généraux, ses alliés que le 12 mars, S. M. leur a annoncé son désir de solliciter leur concours, en cas de renversement du gouvernement d'Alger, pour y substituer un autre ordre de choses.

L'objet de ce concours serait d'examiner le système à établir dans l'intérêt général de la chrétienté : S. M. juge à propos d'assurer ses alliés qu'il entrera dans ces délibérations, prêt à donner toutes les explications qu'on pourra désirer, à prendre en considération les droits et les intérêts de toutes les parties, libre lui-même de tout engagement antérieur et de tout intérêt personnel, et comme l'objet que se propose S. M. peut être bientôt réalisé, si la providence daigne protéger nos armes, le roi invite, dès maintenant, les alliés à donner à leurs ambassadeurs

11

à Paris , des instructions à ce sujet. Vous aurez
la bonté, M. le duc, de faire cette proposition à
lord Aberdeen, et si ce ministre le désire, vous
lui donnerez une copie de cette dépêche.

Le prince DE POLIGNAC.

Les pièces qui suivent nous ont paru
propres à faire connaître au lecteur les principaux événements qui, depuis la conquête ,
ont eu lieu dans l'Algérie.

« Une nouvelle route , dont le besoin se fait
journellement sentir, va être ouverte dans les
environs d'Alger. Partant du quartier de l'aga,
elle ira aboutir à Birkadem , et traversera nos
établissements militaires de Mustapha. Cette tâche
si utile, si importante, est réservée à l'armée ; elle
seule peut l'accomplir ; sa sûreté autant que sa
gloire y sont intéressés.

» Voici à cette occasion ce que m'a fait
l'honneur de m'écrire le duc d'Orléans , et que
je me fais un devoir de porter à la connaissance
de l'armée.

« Nul plus que moi ne prend intérêt à l'affer-
» missement et au développement de notre colo-
» nie d'Alger; nul plus que moi n'admire les ef-
» forts et les travaux de nos soldats pour attein-
» dre ce but ; aussi ai-je applaudi de tout mon
» cœur aux succès de tous genres que les trou-

» pes que vous commandez ont obtenu durant
» le cours de cette saison. Il me tarde vivement
» d'apprendre les progrès nouveaux que l'armée
» doit faire encore sur ce beau sol. Je me flatte
» toujours qu'au printemps je pourrai aller voir
» Alger ; j'en ai un vif désir. »

« Nous aussi formons ce vœu, et le jour où
il s'accomplira sera pour toute l'armée un jour
de bonheur et d'espérance.

» Le lieutenant-général commandant par
intérim, VOIROL.»

EXPÉDITION DE MASCARA.

Oran, 20 novembre 1835.

« Tous les préparatifs de départ sont terminés, et le corps d'armée de l'expédition se met-
tra en route dans la nuit du 25 au 26. Le rendez-
vous général est au camp retranché du Figuier.
C'est de là qu'on se dirigera vers Mascara par le
Tléla et le Sig. Les troupes qui étaient restées
en ville partent aujourd'hui pour rejoindre le
camp : il ne reste ici que 600 hommes environ.

» L'organisation des brigades n'est pas encore
connue. Nous savons seulement que le général
Oudinot commande la première, le général
d'Arlanges la seconde, et le général Perregaux
la troisième, M.le duc d'Orléans restera prés du

maréchal Clausel, ou commandera à sa volonté une de ces brigades.

» L'état sanitaire de l'armée est parfait, et le plus vif enthousiasme se manifeste de toutes parts; on va à Mascara comme à une partie de plaisir et l'ardeur des troupes est le précurseur de la victoire. Toutes les précautions ont été soigneusement prises pour qne uos soldats ne manquent de rien. Les vivres et munitions qui suivent l'armée lui permettront de tenir une campagne d'un mois , même alors qu'on ne trouverait rien dans les douars des tribus.

» Tout est disposé pour que nos troupes agissent promptement contre les Arabes d'Abd-el-Kader qui d'après des renseignement sur l'exactitude desquels on doit compter, se trouve à la tête d'une armée très-considérable. La nôtre est en ce moment campée à 8 lieues de celle-là; elle brûle d'en venir aux mains avec les Arabes et d'effacer par un éclatant triomphe l'échec de la Macta. L'enthousiasme causé par la présence à l'armée de S. A.R. M. le duc d'Orléans et deM. le maréchal Clausel, est au comble; tout nous fait donc espérer que la campagne qui va s'ouvrir sera courte , glorieuse et infiniment favorable aux intérêts de la France.

» On nous annonce d'une manière positive qu'Abd-el-Kader a écrit au général en chef de notre armée, pour lui dire qu'il l'attendait de pied ferme , et que lui et les siens étaient décidés à périr tous plutôt que de battre en retraite dans cette circonstance décisive pour eux. »

Voici en grande partie le rapport du maréchal Clausel au ministre de la guerre sur l'*expépédition de Mascara* :

Le 25 novembre dernier, tous les préparatifs de l'expédition étaient achevés ; les troupes de toutes armes se mirent en mouvement le 26.

L'armée était divisée en quatre brigades : la première brigade, sous les ordres de M. le maréchal-de-camp Oudinot ; la deuxième, sous les ordres de M. le maréchal-de-camp Perregaux ; la troisième, sous les ordres de M. le maréchal-de-camp d'Arlanges ; la quatrième, sous les ordres du colonel Combes ; et la réserve sous les ordres du colonel de Beaufort.

Pendant que les troupes s'établissaient autour du camp du Figuier, M. le maréchal Clausel poussa lui-même une reconnaissance jusqu'au Sebkha (terre salée), sans avoir de nouvelles de l'ennemi que l'apparition d'une vingtaine de feux allumés sur quelques mamelons de l'Atlas et sur le territoire des Beni-Amer. M. le duc d'Orléans accompagnait M. le maréchal Clausel dans cette reconnaissance.

Le lendemain 27, à midi, le général Oudinot reçut l'ordre de partir pour se porter en avant, et se rendre à l'ancien camp de Tlélat (à 6 ou 7 lieues d'Oran) dont, les retranchementt n'avaient pas été détruits par les Arabes.

II.

Le 28, au point du jour, il fit partir le bey Ibrahim avec ses Turcs dans la direction de la forêt de Muley-Ismaël, avec ordre de s'avancer à deux lieues au moins.

Pendant ce temps, M. le maréchal Clausel dirigeait du camp du Figuier sur Tlélat une brigade sous les ordres du général Perregaux; et quelques heures après, lui-même levait définitivement le camp du Figuier, emmenant la brigade d'Arlanges, la réserve, le parc d'artillerie et les convois de l'armée.

M. le maréchal Clausel poussa une lieue au-delà du Tlélat, accompagné de M. le duc d'Orléans. Le 29, à 7 heures du matin, les troupes étaient sous les armes. Le général Oudinot, commandant l'avant-garde, déboucha par la route, qui traversant la forêt de Muleylsmaël conduit dans la plaine du Sigg. Le parc d'artillerie et tous les bagages de l'armée suivaient la même route; le colonel Combes, avec les 2 bataillons du 47ᵉ, le bataillon du 66ᵉ et 2 compagnies du génie, faisait l'arrière-garde et l'escorte du convoi. Les brigades des généraux Perregaux et d'Arlanges marchaient serrées en masse parallèlement à la brigade Oudinot, qui se trouvait brigade de direction : l'armée n'occupait ainsi que le moindre espace possible en profondeur; par cette disposition, M. le maréchal Clansel avait constamment toutes ses troupes sous la main. On franchit dans un ordre parfait le dé-

filé de 2 lieues formé par la forêt de Muley-Ismaël, où le général Trézel combattit Abd-el-
Kader au mois de juin dernier. Une centaine
d'Arabes seulement flanquaient la droite de l'armée, se bornant à tirer quelques coups de fusil
hors de portée, et auxquels nos tirailleurs dé-
daignèrent de répondre.

A une heure après-midi, toutes les colonnes
débouchèrent dans l'immense plaine arrosée par
le Sigg, dont nous n'étions plus éloignés que de
2 lieues et demie. Le soleil était radieux. La
plaine, praticable partout, se couvrait de troupes déployées, et marchant comme dans une
revue. L'armée précédée par les Turcs et les
Arabes du bey Ibrahim, dont les nombreux
étendards bariolés étaient déployés, et qui marchaient au bruit aigre et si original de leur musique militaire, offrait le spectacle le plus pitto-

A cinq heures du soir, les zouaves et les
troupes d'Ibrahim étaient établis de l'autre
côté du Sigg, et toute l'armée formait, comme
au camp de Tlélat, un immense carré renfermant les équipages. Une halte sur le Sigg était
indispensable : c'était à partir de cette position
que les obstacles sérieux devaient se rencontrer
devant l'armée.

M. le maréchal Clausel ordonna en conséquence au colonel du génie Lemercier de tracer
sur la rive droite de la rivière un camp retranché, pouvant contenir tous les équipages, et

dans lequel une garnison de 1000 homme pût résister à toute entreprise de l'ennemi. Le 30 au soir, les travaux avançaient vers leur terme. Pendant cette journée, les Arabes ne commirent contre nous aucune hostilité; mais ils vinrent établir leur camp au pied de l'Atlas, sur la rive droite du Sigg, et, par conséquent, sur la droite de notre camp. Leurs troupes se réunirent successivement sur ce point, où l'on voyait dans la soirée une masse d'environ 4,000 hommes tant cavalerie qu'infanterie.

Le 1er décembre, à une heure après midi, M. le maréchal Clausel sortit du camp, emmenant avec lui le bataillon d'Afrique, un bataillon du 17e léger, un du 2e de la même arme, les Arabes d'Ibrahim, le 2e régiment de chasseurs à cheval, et la batterie de campagne. Nos troupes auxiliaires se portèrent en avant avec beaucoup d'ardeur, soutenues par le 2e de chasseurs, les zouaves du commandant Lamoricière, deux pièces de canon; elles chargèrent avec vigueur les Arabes réunis au nombre de 15 à 1800 hommes, auprès d'un marabout, en avant de leur position. Ce poste fut enlevé avec la rapidité de l'éclair; et nos troupes, s'abandonnant à leur ardeur habituelle, pénétrèrent assez promptement dans le camp ennemi, pour s'emparer d'une partie des tentes, que les Arabes essayèrent vainement d'enlever et de transporter dans la montagne. Plusieurs des officiers de M. le maréchal,

Clausel entraînèrent dans cette charge vigoureuse
les troupes auxiliaires. C'est alors que les cavaliers
et l'infanterie qu'Abd-el-Kader tenait renfermés
dans une gorge profonde accoururent au secours
des fuyards, et vinrent prendre successivement
part au combat, qui se prolongea longtemps au
pied de l'Atlas entre nos tirailleurs soutenus par
l'artillerie, et environ 6000 cavaliers arabes, au
milieu desquels combattaient des fantassins, dont
il était difficile d'apprécier le nombre.

M. le maréchal Clausel avait expressement,
défendu au général Oudinot de s'engager dans
la montagne. Le but de sa reconnaissance était
atteint; les troupes rentrèrent au camp à six
heures du soir.

Pendant ce combat, qui dura pendant cinq
heures, les Arabes montrèrent de la vigueur et
de l'obstination. Plusieurs fois ils tinrent ferme
devant le canon, et s'en approchèrent assez
pour permettre à nos canonniers de tirer à mitraille. Notre feu de mousqueterie, bien supérieur à celui de l'ennemi, lui fit éprouver une
grande perte, tandis que de notre coté nous
n'eûmes que peu d'hommes tués et 45 blessés.
L'armée eut toutefois à regretter un brave officier, le sous-lieutenant d'Arnaud, qui servait
près de M. le maréchal Clausel, comme officier
d'ordonnance; il fut tué dans un moment où
le mouvement de retraite était commencé, il
persista à porter en avant un peloton de chas-

seurs, dans le but de sauver un officier que l'on disait tombé au pouvoir de l'ennemi. M. le duc d'Orléans, qui plusieurs fois donna, pendant le combat, l'exemple du courage et du sang-froid, parut très-satisfait des troupes, dont une partie combattait les Arabes pour la première fois.

L'effet moral produit par ce premier succès sur les troupes d'Abd el-Kader détermina M. le maréchal Clausel à quitter la position qu'il avait fortifiée. Il laissa reposer les troupes le 2 décembre, et le 3 à la pointe du jour, il fit passer le Sigg à toute l'armée, sur deux ponts jetés par le génie.

M. le maréchal Clausel avait à parcourir entre le Sigg et l'Habrah une plaine de sept lieues d'étendue, et cette longue marche devant nécessairement se faire au milieu d'une nombreuse armée de cavaliers actifs et dangereux par l'ensemble admirable avec lequel ils renouvellent leur attaques, tâtant sur tous les points à la fois leur ennemi, pour profiter en masse et avec la rapidité de l'éclair du léger avantage qu'ils parviendraient à obtenir sur lui. Il fit ses dispositions en conséquence.

A peine les troupes du colonel Combes avaient-elle quitté la rive droite du Sigg, qu'elles furent assaillies par un parti d'environ 3000 chevaux, qui s'acharna sur les bataillons du 47° et du 66° pendant toute la journée, sans parvenir à causer le moindre ébranlement dans la co-

Bonne, couverte par des tirailleurs et protégée
par le feu bien dirigé de l'artillerie. Mille à
douze cents Arabes, quittant la position qu'ils
occupaient sur les mamelons inférieurs de la
montagne, s'étendirent sur la droite de M. le
maréchal Clausel, l'attaquant avec assez peu de
vigueur, mais paraissant réserver leurs efforts
pour le moment où il se trouverait aux prises
avec l'émir, dont les troupes échelonnées près
de la route de Mascara, se disposaient à lui fermer le passage; enfin 5 à 600 cavaliers, dissé-
minés en face de lui et sur sa gauche, occupaient
nos tirailleurs sans retarder un seul instant la
marche de la colonne.

M. le maréchal Clausel arriva dans cet ordre
de bataille jusqu'à la hauteur de Sidi-Guarouf,
où se trouvait le camp d'Adb-el-Kader. Celui-ci,
toujours persuadé que M. le maréchal allait
prendre la route directe de Mascara, mit en
mouvement sa nombreuse cavalerie et son infanterie régulière, au milieu de laquelle il marchait en personne, entouré de ses principaux
chefs et de ses étendards.

Environ cinquante boulets et obus lancés
contre les Arabes les obligèrent à s'appuyer
tout-à-fait à la montagne et à regagner en désordre les positions qu'ils se proposaient de
défendre contre nous. Mais lorsqu'ils virent M. le
maréchal Clausel continuer sa route en plaine,
et qu'il devint évident pour eux qu'il ne prenait

pas la route directe de Mascara, nous eûmes en un clin-d'œil sur les bras des milliers de cavaliers, l'infanterie régulière et les fantassins irréguliers combattant au milieu des chevaux de la cavalerie. Nos tirailleurs et l'artillerie résistèrent avec ensemble et sang-froid à cette subite attaque. Au lieu de ralentir la marche de ses colonnes, M. le maréchal continua à marcher droit devant lui, se dirigeant par une ligne plus courte que celle des Arabes, qui suivaient les sinuosités de l'Atlas.

Au bout d'une heure environ il atteignit ainsi le but qu'il se proposait, laissant en arrière de son flanc droit l'infanterie d'Abd-el-Kader et plusieurs milliers de chevaux dont il résolut de se débarrasser par un coup vigoureux. Il ordonna aux brigades Perregaux et d'Arlanges de changer de direction par le flanc droit, et tandis qu'elles marchaient perpendiculairement sur l'Atlas, il porta rapidement en avant huit pièces de canon, qui, par leur feu nourri, balayèrent en moins d'une demi-heure tout l'espace compris entre nos troupes et la campagne, sur laquelle l'ennemi se réfugia dans le plus grand désordre.

Avant d'arriver à l'endroit où la plaine se rétrécit beaucoup, entre l'Atlas et le grand bois de l'Habrah, M. le maréchal Clausel jugea prudent de resserrer sa colonne, et de donner aux troupes quelques instants de repos.

L'espece de défilé dans lequel nous allions
entrer présentait une superbe position militaire
pour un général ayant quelques notions de l'art
de la guerre. M. le maréchal ne voulait traverser ce passage qu'avec précaution.

Il eut bientôt lieu de s'applaudir de cette
prudence. Abd-el-Kader avait bien jugé des
avantages que lui donnait pour livrer un nouveau combat, le bois de l'Habrah, couvert par
un ravin profond, et séparé seulement de la
montagne par le vaste cimetière de Sidi-Em-
bark, boisé et caché du côté de la plaine par un
rideau qu'il fallait aborder pour découvrir le
revers opposé. Prévoyant le cas où nous pren-
drions la route de la plaine, il avait habilement
disposé sur ce point une forte embuscade, à
laquelle il avait couru se rallier après sa déroute
de Sidi-Guarouf. Trois pièces de canon, bien
placées sur un mamelon de l'Atlas, enfilaient le
ravin en avant du cimetière. Une heure avant
d'arriver au bois de l'Habrah, nos colonnes
avaient cessé d'être attaquées en tête et sur
notre droite par les Arabes, qui s'étaient tout
à fait éloignés dans ces deux directions, comme
fatigués de combattre.

Impatient de découvrir le terrain devant lui,
et de franchir pour cela le rideau dont il vient
d'être parlé, M. le maréchal Clausel marchait
avec M. le duc d'Orléans en avant de la colonne,
précédés seulement de quelques tirailleurs qu'ils

12

avaient presque rejoints et suivis d'un peloton
de chasseurs d'escorte de 40 à 50 chevaux au
plus. Tout-à-coup ils découvrent le revers du
rideau et se trouvent à 200 pas d'une masse
énorme de cavaliers, dans laquelle vont donner
les 10 ou 12 voltigeurs qui les précèdent. Un
de ces mouvements d'élan, qui nous ont valu
tant de succès déjà, se manifeste aussitôt parmi
les officiers d'état-major et d'ordonnance qui
suivent S. A. R. et M. le maréchal : mettre le
sabre à la main sans calculer le grand nombre
des Arabes, enlever avec le brave capitaine
Bernard les chasseurs d'escorte par le cri : *En
avant! en avant!* charger à fond l'ennemi, le
faire reculer en désordre à plus de 50 mètres,
lui tenir tête ensuite en soutenant les chasseurs,
auxquels le capitaine ordonne de quitter le sabre pour la carabine et d'ouvrir un feu de tirailleurs, tout cela se fait aussi rapidement que
l'éclair.

Heureusement les Arabes, malgré leur immense supériorité en nombre, restent pour la
plupart immobiles, et comme frappés de l'intrépidité avec laquelle ils viennent d'être chargés:
une partie seulement songe à tirer sur la petite
troupe qui lui est opposée; une compagnie d'infanterie et deux obusiers, que M. le maréchal
Clausel fait promptement avancer, viennent
dégager la cavalerie, et quelques obus qui écla-
tent au milieu des Arabes les repoussent et les
dispersent entièrement.

M. le maréchal Clausel ordonne au général Oudinot de marcher en bon ordre, en avançant sa droite qui s'appuie à la montagne. Un coup de canon part en ce moment d'un mamelon de l'Atlas, comme un signal ou comme l'essai du tir et de la portée d'une pièce, car la direction du coup semble parallèle à notre tête de colonne. M. le maréchal fait avancer la brigade Perregaux à la gauche, pendant que le général Oudinot continue son mouvement sur la droite, mais bientôt l'avant-garde, composée des zouaves et des voltigeurs du 2º léger, est arrêtée par le ravin, de l'autre côté duquel est postée et embusquée l'infanterie régulière d'Abd-el-Kader. L'artillerie de l'émir commence un feu très vif, mais assez bien dirigé, tandis que toute la lisière du bois de l'Habrah, qui croise le cimetière de Sidi-Embarck, se couvre d'un feu tellement vif, qu'il eût été difficile de le soutenir longtemps.

Pendant que la première brigade force le passage à droite, le général Perregaux fait attaquer le bois de l'Habrah par les voltigeurs du 17ᵉ léger. Plusieurs des officiers de M. le maréchal Clausel s'élancent à la tête des troupes, et M. le duc d'Orléans, n'écoutant que son ardeur et son courage, se jette lui-même au milieu de notre infanterie, l'excitant à bien faire, et donnant l'exemple à nos jeunes soldats qui se rendent en un instant maîtres de la position sur laquelle s'appuyait la ligne des Arabes; l'artillerie, dont M. le maréchal dirigeait lui-même le feu, achève d'ébranler l'ennemi qui dès-lors, poussé de toutes parts, abandonne le champ de bataille, sur lequel, malgré tous ses efforts, il est contraint de laisser ses morts et même une partie de ses blessés.

M. le duc d'Orléans *a été frappé par une balle à la cuisse gauche*, au-dessus du genou. L'atteinte n'a produit heureusement qu'une forte contusion, qui sera pour tous une preuve évidente de la part glorieuse que S. A. R. a prise à ce combat.

Cette action de l'Habrah fait en général beaucoup d'honneur à nos troupes, qui ne se laissèrent pas intimider un seul instant par le feu terrible que firent les Arabes dans le premier moment. Les belles positions occupées par l'ennemi, qui s'y trouvait comme retranché, furent enlevées tout-à-fait de vive force, et comme par enchantement ; et cependant l'armée, qui marchait depuis le matin, avait combattu pendant dix heures consécutives, sans prendre un seul instant de repos, car elle avait été constamment entourée par environ 10,000 cavaliers.

L'armée arriva sur la rive gauche de l'Habrah à sept heures du soir.

Le 5 décembre, à la pointe du jour, toute l'armée se formait sur la rive droite de l'Habrah, sous le feu de quelques centaines de cavaliers

arabes, que deux pièces de campagne conte-
naient à distance des bagages et de l'arrière-
garde.

Il était une heure après-midi, lorsque l'armée parvint à la hauteur de la route de Mascara. M. le maréchal Clausel résolut de franchir
la première chaîne de l'Atlas.

Les généraux Marbot et Perregaux changè-
rent de direction par le flanc droit, pour faire
face à la montagne, et disposèrent en même
temps les zouaves et les compagnies de voltigeurs, chargés d'aborder l'ennemi en tirailleurs.
Huit pièces de canon se portèrent rapidement en
avant, avec ordre d'ouvrir un feu soutenu,
aussitôt que M. le maréchal donnerait le signal
de l'attaque.

Les équipages, les chameaux, tout le convoi
de l'armée, changeant également de direction,
vinrent se serrer contre la colonne du général
Perregaux, pendant que le général d'Arlanges,
ayant sous ses ordres le colonel Combes, se
déployait face en arrière en bataille, pour couvrir et protéger le mouvement de flanc des deux
premières brigades. Cette manœuvre rapide se
fit avec un ensemble parfait; elle parut décon-
certer les Arabes, dont nous nous trouvions
très-rapprochés.

M. le maréchal Clausel ordonna l'attaque,
et l'artillerie fit aussitôt pleuvoir sur les deux
revers, et dans la gorge même, une grêle de

12.

boulets et d'obus qui portèrent le désordre dans les rangs ennemis. Les tirailleurs, au pas de course, s'élancèrent sur les Arabes; les zouaves, en les poursuivant avec leur ardeur habituelle, apostrophaient les Arabes, suivant la coutume des gens de cette nation, et leur demandaient s'ils croyaient encore que nous eussions renoncé à prendre Mascara.

En moins d'une demi-heure, nous étions maîtres de la route et des positions qui la dominent.

L'armée avait encore à franchir environ six lieues de montagnes, dont les chaines s'élèvent successivement, et qui offrent partout des pentes tourmentées et coupées de ravins profonds. Le lendemain, 6 décembre, M. le maréchal Clausel ordonna au colonel Combes, qui protégeait le convoi, de prendre la route qui serpente dans la montagne, en suivant les gorges et les revers les moins rapides.

Pendant toute cette journée, pénible pour les troupes, il fut évident pour M. le maréchal Clausel que les Arabes, désespérant de combattre désormais avec avantage, avaient en grand nombre abandonné les drapeaux d'Ab-el-Kader. Ils essayèrent cependant de nous disputer le passage et de défendre contre la colonne du général Marbot, qui les débordait toujours, une fort belle position. M. le maréchal Clausel les fit attaquer par les zouaves du commandant

Lamoricière et les voltigeurs du 2e régiment d'infanterie légère. Ces braves troupes débusquèrent l'ennemi au pas de course, ne lui laissant pas le temps d'emporter ses morts et ses blessés.

S. A. R., placée parfaitement pour apprécier ce brillant coup de main, fut enchantée de l'habileté avec laquelle le capitaine Cuny , le lieutenant Bisson, tous deux de la 4e compagnie des zouaves, et le capitaine Digonnet , commandant la 2e compagnie de voltigeurs du 2e léger, dirigèrent l'élan de leurs soldats. Le fusilier zouave Saadi s'élança le premier jusqu'au milieu des Arabes sur le point culminant du Beni-Chougaran.

Ce fut le dernier combat que nous eûmes à livrer aux Arabes qui de toutes parts abandonnèrent l'émir.

M. le maréchal Clausel s'étant porté avec l'avant-garde jusqu'au village d'El-Borge, situé sur le sommet de l'Atlas , apprit que des scènes de meurtre et de pillage venaient de se passer à Mascara , et que l'émir, n'ayant pas voulu y rentrer, s'était retiré, fort peu accompagné, dans la tribu des Achem.

On n'était plus qu'à cinq heures de marche de la ville d'Abd-el-Kader; et bien que la journée fût avancée, M. le maréchal Clausel résolut de s'y porter par une marche forcée.

Malgré la pluie, qui commença sur les trois

heures après-midi, on s'approcha rapidement; les troupes du bey Ibrahim marchant en tête de la colonne, M. le maréchal donna l'ordre au colonel Létang, attaché à l'état-major de S. A. R., de prendre les devants, avec un escadron du 2º de chasseurs et les spahis réguliers, afin de s'emparer des portes et de maintenir l'ordre dans la ville.

A cinq heures du soir, S. A. R. fit son entrée dans Mascara, le 6 décembre.

On ne nous avait pas trompés : une partie de l'armée d'Abd-el-Kader avait commis la veille toutes sortes de désordres; les Juifs avaient été pillés, un grand nombre d'entre eux avait été massacré; des femmes et des enfants avaient succombé sous les coups furieux des Arabes, la famille d'Abd-el-Kader n'ayant pas même été épargnée. La ville, où il ne restait que 7 à 800 Juifs, consternés et tremblans, offrait un spectacle pitoyable; et le feu consumait un assez grand nombre de maisons.

M. le maréchal Clausel ayant reconnu le peu d'importance de Mascara, et combien il serait difficile d'établir avec le bey Ibrahim des communications promptes et faciles pour le commerce comme pour la guerre, et voyant que les principaux d'entre les Juifs le suppliaient de les emmener avec lui quand il quitterait la ville, résolut de tranporter le beylik de la province d'Oran à Mostaganem, ville fortifiée où l'on

pourra donner des maisons aujourd'hui inhabi-
tées, aux Juifs, aux Turcs et aux Arabes d'Ibrahim. On trouvera en outre dans cette mesure l'a-
vantage de retirer plus tard de Mostaganem la
garnison de 800 hommes que la France y entretient depuis sa conquête.

M. le maréchal Clausel laissa reposer les troupes pendant trois jours, que l'on employa à détruire par la mine et par le feu les établissements
militaires d'Abd-el-Kader, et ses magasins qui
renfermaient une grande quantité de grains, de
soufre et de salpêtre.

Enfin, le 9 décembre, l'armée quitta Mascara,
emmenant avec elle tous les Juifs et les Arabes
douaïers et smélas qui habitaient la ville, où ils
possédaient 250 maisons. Ils les livrèrent eux-
mêmes aux flammes avant de partir, de sorte
que la ville d'Abd-el-Kader est aujourd'hui entièrement détruite.

Si nous n'avions plus à combattre les Arabes,
de grandes difficultés, des fatigues inouies étaient
reservées à nos jeunes soldats pour le retour.
Depuis le jour de notre entrée à Mascara la
pluie était tombée en abondance et les passages
de l'Atlas étaient devenus presque impraticables.

L'armée a supporté toutes les fatigues et vaincu
tous les obstacles avec une constance qui ne s'est
pas démentie un seul instant. On a vu même nos
soldats chercher à adoucir, autant que possible,

la misère de la population qui nous suivait: non-seulement les cavaliers ont mis des femmes et des enfants sur leurs chevaux, mais les fantassins, et surtout les zouaves qui formaient l'arrière-garde, n'ont pas hésité, malgré leurs fatigues et la difficulté qu'ils avaient eux-mêmes à marcher, à prendre aussi des enfants sur leurs épaules et sur leurs sacs alourdis par 150 cartouches, car il avait fallu soulager les chameaux qui portaient les munitions de guerre.

Dans les divers combats que nous avons livrés à l'ennemi, il a eu près de 600 hommes tués ou blessés, tandis que, de notre côté, les pertes ont été comparativement légères; cela s'explique par le peu de justesse du tir de nos ennemis, qui combattent presque tous à cheval.

M. le maréchal Clausel ne saurait donner trop d'éloges aux troupes sous ses ordres.

L'artillerie et le génie ont rivalisé d'énergie et d'habileté.

Nous avons parlé de l'armée, des officiers, des généraux; il faut parler, en finissant, de l'illustre capitaine qui la commandait, et qui a dirigé, avec sa profonde habileté et sa rare fermeté, cette brillante et rapide expédition au milieu d'un pays ennemi et inconnu. Le maréchal Clausel a acquis de nouveaux titres à l'estime du roi et de la France.

L'état des propositions en faveur des officiers, sous-officiers et soldats qui méritent d'être avancés ou décorés, sera mis incessamment sous les yeux du roi, digne appréciateur des services qu'ils ont rendus pendant le cours de cette heureuse et brillante expédition, dont les résultats sont immenses pour la colonie, car elle a détruit la puissance morale de nos ennemis.

Arrivés à Mascara, le prince royal et le maréchal Clausel se logèrent dans la maison d'Abd-el-Kader, ainsi que l'état-major.

Au retour et lorsqu'on n'était plus qu'à quelques lieues de Mostaganem, pendant une halte de la colonne, M. le duc d'Orléans et quelques officiers de l'état-major s'étant écartés à quelque distance, du côté d'une ferme où ils voulaient se rafraîchir, les chevaux furent débridés. Cependant le prince royal était resté à cheval. Tout-à-coup on entendit une fusillade : des Arabes approchaient : l'armée était loin et M. le duc d'Orléans pouvait courir un grand danger. Tout se disposa autour de la ferme pour une défense énergique. Par bonheur, un détachement des zouaves qui avaient suivi de loin et à pied le mouvement du prince royal, voyant le danger où il se trouvait, accoururent à toutes jambes et réussirent, avec le prince et ses officiers, à chasser les Arabes. S. A. R. rejoignit au galop la colonne de marche, et enfin l'armée arriva tout entière et en bon ordre à Mostaganem. Il était trois heures de l'après-midi.

Il y aura nécessairement dans le discours de

la couronne un passage relatif à la brillante expédition de Mascara, et ce passage ne pourra qu'être favorable à l'opinion des partisans de la colonisation africaine.

Voici quelques détails que nous trouvons dans une correspondance particulière : Le 29, écrit un des officiers de l'armée expéditionnaire, nous traversâmes dans le plus grand ordre cette forêt de Muley-Ismaël où le frère de notre général (le général Oudinot) fut frappé à mort. Le maréchal fit battre au champ en l'honneur des victimes du 27 juin et le général adressa une courte allocution aux troupes formées en masse à cet effet. Le même soir, nous couchions aux bords du Sigg; là le général espérait trouver les dépouilles mortelles de son malheureux frère. Vain espoir! la tombe était déserte. De touchants regrets ont été exprimés par le régiment de chasseurs.

TRAITÉ ENTRE LE GÉNÉRAL BUGEAUD

ET ABD-EL-KADER.

Extrait du MONITEUR *, du* 18 *juillet* 1837.

Le général Bugeaud a fait connaître au ministre de la guerre qu'Abd-el-Kader avait accepté définitivement le traité tel qu'il lui avait été renvoyé. En voici le texte :

Entre le lieutenant-général Bugeaud, commandant les troupes françaises dans la province d'Oran,

Et l'émir Abd-el-Kader.

A été convenu le traité suivant :

Art. 1er. L'émir Abd-el-Kader reconnait la souveraineté de la France en Afrique.

Art. 2. La France se réserve, dans la province d'Oran : Mostaganem, Masagran et leurs territoires; Oran, Arzew; plus un territoire ainsi délimité : à l'est, par la rivière de la Macta et le marais d'où elle sort; au sud, une ligne partant du marais ci-dessus mentionné, passant par le bord sud du lac Sebgha et le prolongeant jusqu'à l'Oued-Malah (Rio-Salado), dans la direction de Sidi-Saïd, et de cette rivière jusqu'à la mer; de manière à ce que tout le terrain compris dans ce périmètre soit territoire français;

Dans la province d'Alger : Alger, le Sahel, la plaine de la Mitidja, bornée à l'est jusqu'à l'Oued-Khadra et au-delà; au sud, par la première crête de la première chaîne du petit Atlas jusqu'à la Chiffa, en y comprenant Blida et son territoire; à l'ouest, par la Chiffa jusqu'au coude de Masafran, et de là sur une ligne droite jusqu'à la mer, renfermant Coléah et son territoire; de manière à ce que tout le terrain compris dans ce périmètre soit territoire français.

Art. 3. L'émir administrera la province d'O-ran, celle de Tittery et la partie de celle d'Al-

13

ger qui n'est pas comprise, à l'ouest, dans les limites indiquées dans l'art. 2.

Il ne pourra pénétrer dans aucune autre partie de la régence.

Art. 4. L'émir n'aura aucune autorité sur les Musulmans qui voudront habiter sur le territoire réservé à la France; mais ceux-ci resteront libres d'aller vivre sur le territoire dont l'émir a l'administration, comme les habitants du territoire de l'émir pourront venir s'établir sur le territoire français.

Art. 5. Les Arabes vivant sur le territoire français exerceront librement leur religion.

Ils pourront y bâtir des mosquées et suivre en tout point leur discipline religieuse, sous l'autorité de leurs chefs spirituels.

Art. 6. L'émir donnera à l'armée française :
Trente mille fanègues (d'Oran) de froment,
Trente mille fanègues (d'Oran) d'orge,
Cinq mille bœufs.

La livraison de ces denrées se fera à Oran par tiers; la première aura lieu du 1er au 15 septembre 1837, et les deux autres, de deux en deux mois,

Art. 7. L'émir achetera en France, la poudre, le souffre et les armes dont il aura besoin.

Art. 8. Les Koulouglis qui voudront rester à Tlemcen, ou ailleurs, y posséderont librement leurs propriétés et y seront traités comme les Hadars. Ceux qui voudront se retirer sur le ter-

ritoire français pourront vendre ou affermer li
brement leurs propriétés.

Art. 9. La France cède à l'émir , Rachgoun ,
Tlemcen , le Méchouar et les canons qui étaient
anciennement dans cette dernière citadelle. L'é-
mir s'oblige à faire transporter à Oran tous les
effets , ainsi que les munitions de guerre et de
bouche de la garnison de Tlemcen.

Art. 10. Le commerce sera libre entre les
Arabes et les Français qui pourront s'établir réciproquement sur l'un ou l'autre territoire.

Art. 11. Les Français seront respectés chez les
Arabes comme les Arabes chez les Français.

Les fermes et les propriétés que les sujets
français auront acquises ou acquerront sur le
territoire arabe leur seront garanties. Ils en joui-
ront librement , et l'émir s'oblige à leur rem-
bourser les dommages que les Arabes leur feraient éprouver.

Art. 12. Les criminels des deux territoires
seront réciproquement rendus.

Art. 13. L'émir s'engage à ne concéder aucun
point du littoral à une puissance quelconque
sans l'autorisation de la France.

Art. 14. Le commerce de la régence ne pourra
se faire que dans les ports occupés par la
France.

Art. 15. La France pourra entretenir des
agents auprès de l'émir et dans les villes soumises à son administration , pour servir d'intermé-

diaire près de lui aux sujets français, pour les
contestations commerciales ou autres qu'ils pourraient avoir avec les Arabes.

L'émir jouira de la même faculté dans les villes et ports français.

Tafna , le 30 mai 1837.

Le lieutenant-général commandant
la province d'Oran.

BUGEAUD.

Cachet   Cachet.
du général Bugeaud.   d'Abd-el-Kader.

Voici la lettre qu'Abd-el-Kader avait,
le 5 août **1833**, adressée au colonel Du-
barrail.

Le lecteur sera peut être bien aise d'en
connaître le style.

» Louange à Mahomet !

» Le chef des Maures , le guerrier Sidi-El-
Adj - Mohammed -Adj - Ab-El-Kader-Ben-Sidi-
Meyl-Edin , au chef des Français.

» Salut aux incrédules !

» Comme vous n'avez pas tenu les traités, et
que vous n'êtes pas sorti hier pour nous battre,
faites-nous savoir vos intentions. Nous vous fai-
sons savoir que nous avons nos troupes qui entourent toute la ville , et que déjà nous sommes
presque sous vos remparts , et que nous avons

battu notre tambour qui était le signal pour vous appeler au dehors. Si vous voulez vous sauver, abandonnez le pays ; autrement je resterai toujours ici. Je réunirai tous les peuples du Levant et de l'Occident, et je vous ferai la guerre, même pendant toute l'année, et le Bon Dieu nous aidera pour vous battre et vous chasser ; faites-nous donc connaitre vos intentions par une réponse. Baissez votre pavillon, je vous le conseille, et alors je me retirerai. Ne vous en rapportez pas à vos conseils, car ils seront votre propre ruine. « *Signé*, du sceau de AB-EL-KADER-MEY-EL-DIN »

Iʳᵉ EXPÉDITION DE CONSTANTINE.

Iône, le 17 nove.bre.

(Correspondance particulière du Toulonnais.)

Les deux premières brigades de l'armée ont trouvé quelques mauvais passages sur la route qui conduit d'ici à Ghelma; les troupes du génie, sous les ordres du capitaine Redouté, ont travaillé avec une ardeur admirable, et les dernières brigades trouveront un chemin tracé et commode. La Seybouse a été passée à gué. Nos troupes sont autour des ruines de Ghelma ; une partie de l'infanterie, le génie, l'artillerie et le quartier-général sont installés au milieu des restes de la ville dont les murailles sont assez bien conservées. On s'est ensuite occupé à réparer les brèches et à tracer des espèces de rues au milieu des décombres. Cette station sera très-importante pour un dépôt de vivres et de malades; on y laissera quelques compagnies et des pièces de canon. Il y avait à Ghelma 6,000 hommes, plus les Arabes de Youssouf et quelques arabes auxiliaires.

Les tribus, dont aucune n'avait paru pendant la marche de l'armée, viennent de se présenter à leur nouveau bey Youssouf; elles apportent de l'orge, des moutons et des poules à Ghelma. Les tribus de la montagne en face du fort génois, qu'Achmet avait forcées à nous être hostiles, ont de nouveau fait leur soumission. On craint qu'Achmet ne livre sa capitale au pillage à l'approche des Français, et qu'il n'incendie les habitations. Ce serait un grand malheur, car le maréchal est bien déterminé à laisser à Constantine Youssouf avec ses Arabes, et un bataillon français avec des approvisionnements pour un an.

Ce qui a rendu l'organisation du convoi si difficile, et retardé le départ des dernières brigades de la division expéditionnaire, c'est que plusieurs navires chargés de chevaux embarqués à Alger ont été poussés jusques sur les côtes de Tunis. L'administration de la guerre et le train du génie se voyant privés d'une grande partie des moyens de transport sur lesquels ils comptaient, force a été d'envoyer le bateau à vapeur *la Chimère* à Bougie, pour y prendre une cinquantaine de chevaux ou mulets. De temps à autre quelques Arabes amènent encore des mules qui sont de suite dirigées vers le camp.

Avant leur départ, le duc de Nemours et le maréchal Clausel, accompagnés d'un nombreux état-major, se sont rendus par terre devant le mouillage du Fort-Génois, où les attendait M. le capitaine de vaisseau de la Susse, commandant *le Montébello*. Le prince a visité en détail ce superbe bâtiment, dont il a paru émerveillé. Le vaisseau et tous les bâtiments mouillés en rade étaient pavoisés. Les salves du *Montébello* se faisaient entendre au loin dans les montagnes des environs de Bone, et le Kabaïles auront pu avoir une idée de la puissance de cette énorme machine de guerre.

Le Maréchal Clausel à M. le ministre de la guerre.

« L'expédition de Constantine n'a pas eu un succès complet. Elle s'est transformée en quelque sorte, par un événement extraordinaire, en dehors de toute combinaison, en une véritable et forte reconnaissance, à la suite de laquelle j'ai pris position à trois petites journées de Constantine par l'établissement du poste de Guelma.

» M. le duc de Nemours se porte bien.

» L'expédition n'a rencontré de Bone à Con-

stantine aucun ennemi, aucun obstacle, sur la
route; les tribus venaient au devant d'elle, et
manifestaient leur joie de voir les Français arriver à Constantine.

L'armée passait au milieu de nombreux troupeaux de moutons, de chèvres et de bœufs; les
laboureurs accouraient souvent au-devant d'elle,
et montraient aux curieux leur manière de
joindre les bœufs au jong et de labourer, mais
nous marchions lentement à cause des transports.

» Nous passâmes sans difficulté le défilé de
Rach el Akba, et nous apprîmes qu'Achmet, ses
femmes et ses trésors étaient sortis de Constantine. A Soma nous avons été surpris, vers 5
heures, par une pluie glaciale mêlée de neige.
Tout jusque-là avait été bien; mais la nuit fût
mortelle pour beaucoup de soldats et en en-
gourdit d'autres par milliers.

» Nous n'étions qu'à 3 lieues de Constantine
le 21; nous nous mîmes en route voyant cette
place devant nous. Après être descendus d'un
côteau où nous étions campés, nous trouvâmes
le Ouëd-Ben-Mézioud extrêmement grossi, il a
fallu le traverser ayant de l'eau jusqu'à la ceinture; là neige tombait toujours, néanmoins on
passa sans perdre un seul homme.

» A une lieue plus loin, on dut traverser un
autre bras de la Rumel, nouvelle pluie, nouvelle cause de maladie, et par suite diminution

de combattans : il n'y avait pas alors 4,000
combattans sur les sept que j'avais pris. Nous
arrivâmes enfin vers deux heures, sur le plateau
de Mansoure, et primes position à 20 toises
de la place, lorsqu'un coup de canon et le drapeau rouge détruisirent l'espérance que j'avais
eue d'entrer sans coup-férir.

» Je vis qu'il fallait recourir à la force, et la
force me manquait de plus en plus, car le temps
était horrible ; la terre et les hommes étaient
couverts de neige, et les voitures disparaissaient
en se fixant dans la boue.

» La ville ne voulait pas se mettre en hostilité contre nous ; on y fit entrer des Kabaïles
par des portes que nous ne pouvions pas bloquer, et ils prirent de force le soin de sa défense. Je la fis canonner vivement le second jour
pour enfoncer la porte del Cantara. On continua le troisième jour, et la porte fut abattue ;
mais je voulus y loger des sapeurs et ensuite des
compagnies de grenadiers, pour entrer ainsi dans
la ville. La tentative ne réussit pas : le seul parti
alors était de se retirer, puisque nous n'avions
rien pour vivre. Sur nos subsistances prises pour
quinze jours, la moitié, presque enterrée dans
les boues de Mansoure, venait d'être abandon-
née et pillée par les soldats chargés de la défendre.

» Le 24, vers huit heures du matin, nous
quittâmes notre position de Mansoure, à 120

toises de la place, et celle de Koudiat-Ati, à la
porte du sud, où était l'avant-garde. Nous avons
été suivis d'abord par quelques centaines d'hommes sortis de la place. Des cavaliers venaient de
toutes les directions, et leur nombre s'élevait
à près de deux mille ; il diminua les jours sui-
vans, et on n'en vit plus après le quatrième à
Rach-el-Akba, où, suivant quelques-uns, nous
devions tous trouver la mort. Notre retraite
s'est opérée en bon ordre, le soldat, quoique
malade, a été parfait ; nous amenons tous nos
canons et je laisse une bonne garnison, indigène
pour la plupart, à Guelma qui est un poste plus
fort que Constantine.

Mgr le duc de Nemours a pris part à tout ce
qui s'est fait dans l'armée de fatigant et de périlleux. S. A. R. continue à jouir d'une bonne
santé.

ATTAQUE DE CONSTANTINE.

Bone, le 1er décembre 1836.

M. le ministre,

J'ai eu l'honneur de vous faire connaître,
avant le départ de l'expédition, combien j'avais
eu de peine à réunir à Bone les troupes et le
matériel que les vents contraires et les tempêtes
avaient dispersés dans toutes les directions. Tandis que les soldats embarqués ainsi pendant

longtemps souffraient beaucoup à bord, des pluies abondantes tombaient à Bone; et les différents corps, à mesure qu'ils arrivaient, ne pouvant se refaire des fatigues de la mer, je laissais dans les hôpitaux près de 2,000 hommes, sur 7,000 hommes d'infanterie que j'étais parvenu à réunir.

Le temps s'étant remis au beau le 12 novembre, je quittai Bone le 13, et me mis en marche sur Constantine, avec 7,000 hommes de toutes armes.

L'armée avait établi à peine son premier bivouac à Bou-Afra, qu'une pluie des plus abondantes vint nous assaillir; et le ruisseau sur les bords duquel nous étions campés étant promptement devenu un torrent, je ne pus le faire passer aux troupes qui se trouvaient en-deça de cet obstacle que le 14 à midi. A cette heure, le soleil ayant reparu, nous fûmes camper à Mouhelfa, et le 13, après avoir passé, non sans les plus grandes difficultés pour les bagages, le col de Mouara, nous arrivâmes à Guelma, et je fis camper l'armée sur la rive gauche de la Seybouse.

Il reste à Guelma de nombreuses ruines de constructions romaines, et notamment l'enceinte de l'ancienne citadelle est assez bien conservée pour permettre d'y établi en toute sûreté, contre les Arabes, un poste militaire. Je profitai de cette facilité pour y laisser, sous une garde con-

venable , environ 200 hommes que la route que
nous avions parcourue avait déjà fatigués , et
qui n'auraient pu suivre jusqu'à Constantine.

Le temps continuait à être favorable; nous
reprimes notre route le 16 , au point du jour,
et nous nous arrêtâmes de bonne heure à Med-
jez-Amar , où , pour traverser la Seybouse ,
nous rencontrâmes encore de grandes difficultés.
Les rives étant très escarpées , les troupes du
génie passèrent la nuit à établir les rampes et
à débarrasser le gué encombré de pierres énor-
mes.

Le 17 , je fis effectuer le passage , qui dura
très-longtemps , et nous atteignîmes, sur les
quatre heures après midi, la fameuse montée de
la 10e, au haut de laquelle on passe le col de
Raz-el-Akba, nommée par les Arabes *le Coupe-
Gorge.*

Une foule de ruines que l'on rencontre sur
tous les mamelons attestent que les Romains
avaient construit de demi-lieue en demi-lieue
des tours et des forts pour rester entièrement
maîtres de ce point militaire. Une partie de ces
ruines donne également à supposer que beaucoup de grands personnages de Rome avaient
construit de vastes et beaux palais dans ce pays
si pittoresque.

Ce passage avait toujours été signalé comme
si difficile, que les Arabes étaient convaincus
que je ne pourrais le franchir avec le matériel

de l'armée. Je fis reconnaître la montagne et les gorges par plusieurs officiers : je restai à cheval pendant six heures, pour me rendre compte des nombreuses difficultés qui se présentaient ; et tandis que l'armée passait la nuit au pied de la montagne, à Akbel-el-Achari, les troupes du génie, aidées de nombreux travailleurs, entreprirent le tracé d'une route qui fut parfaitement dirigée, et par laquelle tout mon convoi parvint le 18, à six heures du soir, au col, qui fut ainsi franchi sans perte d'aucune partie du matériel.

Ce même jour, 18 novembre, les troupes campèrent chez les Ouled-Zenati, une lieue au-delà du Raz-el-Akba.

Jusque-là, tandis que le temps nous était favorable, nous marchions au milieu d'une population amie et pacifique ; les Arabes labouraient leur champs, et les troupeaux nombreux autour de nous, se trouvaient quelquefois sur le chemin même que nous parcourions. Nous n'étions plus qu'à deux marches de Constantine.

Le 19, nous campâmes à Ras-Oued Zenati, et ce fût là que commencèrent pour l'armée des souffrances inouïes et les mécomptes les plus cruels.

Nous étions parvenus dans des régions très-élevées : pendant la nuit, la pluie, la neige et la grêle tombèrent avec tant d'abondance et de continuité, que nous fûmes exposés à toutes les

14

rigueurs d'un hiver de Saint-Pétersbourg, en même temps que les terres, entièrement défoncées, représentaient les boues de Varsovie.

Nous apercevions Constantine, et déjà nous désespérions d'arriver jusque sous ses murs.

Nous nous mîmes toutefois en marche le 20, et l'armée parvint, à l'exception des bagages et d'une arrière-garde, au *Monument* de Constantine, où l'on fût obligé de s'arrêter.

Le froid devint excessif; beaucoup d'hommes eurent les pieds gelés, beaucoup d'autres périrent pendant la nuit; car depuis le Raz-el-Akba on ne trouve plus de bois.

Enfin, les bagages, sur lesquels on doublait et triplait les attelages, nous ayant ralliés, nous franchîmes, le 21, le Bon Mezroug, l'un des affluens de l'Oued Rumel. Grossie par les torrents, cette rivière avait beaucoup débordé : les hommes avaient l'eau jusqu'à la ceinture, et plusieurs auraient péri, sans le dévouement des cavaliers, qui couraient eux-mêmes de grands dangers en cherchant à les sauver. Plusieurs chevaux des transports furent noyés dans cette circonstance difficile; mais enfin l'armée entière atteignit l'autre bord, et, quelques heures après, nous prenions position sous les murs de Constantine. Les bagages de l'administration étaient toutefois restés à une demie-lieue en arrière, enfoncés dans la boue, et faisaient tous les efforts possibles pour rejoindre l'armée.

La position de Constantine est admirable, et sur tous les points, à l'exception d'un seul, elle est défendue merveilleusement par la nature même. Un ravin de 60 mètres de largeur, d'une immense profondeur, et au fond duquel coule l'Oued-Rumel, présente, pour escarpe et contrescarpe, un roc taillé à pic, inattaquable par la mine comme par le boulet. Le plateau de Mansoura communique avec la ville par un point très-étroit aboutissant à une double porte très-forte, et bien défendue par les feux de mousquestterie des maisons et des jardins qui l'environnent.

Dans les circonstances où nous nous trouvions, je n'avais pas le loisir d'investir convenablement la place, devant laquelle j'occupais avec les troupes du général Trézel, le plateau de Mansoura. J'avais dirigé la brigade d'avant-garde sur les mamelons de Koudiat-Ati, avec l'ordre de s'en emparer, d'occuper les marabouts et les cimetières, en face de la porte Er-Rahbab, et de la bloquer immédiament.

Il était facile au premier coup d'œil de reconnaître que c'était sur ce point que la ville devait être attaquée; mais il était aussi de toute impossibilité d'y conduire l'artillerie de campagne, qui, déjà sur le plateau de Mansoura, s'enfonçait en place jusqu'aux moyeux des roues. Le colonel Tournemine ne put parvenir à faire porter sur l'autre position deux pièces de 8.

C'est alors que commencèrent les hostilités ; elles nous furent annoncées par deux coups de canons de 24 pointés contre nos pièces, et par le drapeau rouge des Arabes arboré sur la principale batterie de la place.

La brigade d'avant-garde, après avoir traversé l'Oued Rumel, se porta sur les hauteurs, qui, défendues par des Kabyles sortis en grand nombre de la place, furent successivement et bravement enlevées par nos troupes. Elles s'y établirent sous le canon des Arabes, tandis que, de mon côté, je disposais mon artillerie, dont je fis diriger le feu contre la porte d'El-Cantara pendant toute la journée du 22. Durant toute cette journée aussi la brigade d'avant-garde soutint un combat brillant contre les Arabes réunis à l'infanterie turque sortie par celle des portes que nous ne pouvions bloquer, puisque nous n'avions plus 3,000 hommes sous les armes.

J'envoyai des chevaux de renfort aux prolonges de l'administration, qui, malgré cela, ne purent être tirées des bourbiers dans lesquels elles se trouvaient enfoncés. M. l'intendant militaire m'ayant alors proposé de faire partir des mulets pour aller prendre le chargement de ces voitures, j'ordonnai cette disposition; mais elle ne put avoir son effet, car, au moment même où le convoi partait, sous l'escorte d'un demi bataillon, on apprit qu'une partie du 62° régiment qui accompagnait et défendait les prolon-

ges, voyant qu'elles ne pouvaient être emmre-
nées, et malgré les efforts du colonel, avait
pillé les vivres, défoncé les tonneaux de vin et
d'eau-de-vie, et venait de nous priver d'une
partie de nos ressources.

Le temps continuait à être affreux. La neige
tombait à gros flocons; le froid était excessif.

Il me fallait essayer d'enlever la place de vive
force, et si je ne réussissais pas, ne pas attendre
davantage pour ramener l'armée.

La première porte que l'artillerie avait battue
était enfoncée; et si le génie parvenait à faire
sauter la seconde, on pouvait espérer pénétrer
dans la ville.

J'ordonnai des dispositions pour le logement
des sapeurs, et des compagnies qui devaient les
suivre.

Le génie qui était resté en arrière avec une
partie de ses voitures étant arrivé à huit heures
du soir, je prescrivis au colonel Lemercier de
tout préparer pour reconnaître le soir même
l'état de la porte d'El-Cantara, faire sauter ce
qui restait encore debout, et frayer un passage
à cinq compagnies d'élite des 63e et 59e régiments, que je mis sous les ordres du commandant de Rancé, mon aide-de camp.

Ces dispositions ne reçurent de la part des
troupes du génie qu'une lente exécution : elles
étaient exténuées des fatigue, venant de passer
36 heures dans la boue, sans feu et sans repos.

14.

On ne reconnut la porte que peu de temps avant le jour, et le génie déclara qu'il lui fallait la journée du lendemain pour faire les préparatif que nécessitait l'opération.

Le 23, tandis que l'artillerie continuait à battre la ville, la brigade d'avant garde fut vivement attaquée. Elle culbuta l'ennemi sur tous les points, et sabra une grande partie de l'infanterie turque du bey. Ce fut le chef d'escadron de Torigny, qui dirigea cette charge de la manière la plus brillante, et durant tout le cours de la campagne, il n'a cessé de donner des preuves de valeur et de sang-froid. De notre côté, nous fûmes également attaqués, et le général Trézel fit vivement repousser les Arabes par le 59° régiment de ligne, qui couvrait le quartier-général.

Dans l'espoir de détourner l'attention de la garnison et d'effrayer les habitants, j'ordonnai pour la nuit deux attaques simultanées : l'une, contre la porte d'El-Cantara, devait être dirigée par le colonel Lemercier ; l'autre, du côté de Koudiat-Ati, devait être tentée par les troupes de l'avant-garde.

Le général Trézel, aussitôt que la nuit fut venue, plaça lui-même les troupes du 59° et du 63°, qui devaient seconder le corps du génie. Le colonel Lemercier fit avancer ses hommes et son matériel, sous les ordres du commandant Morin et des capitaines Hackett et Ruy. La gar-

nison commença aussitôt le feu le plus nourri et
le plus soutenu. Un ordre donné mal à propos
de faire avancer la compagnie franche de Bougie qui faisait tête de colonne, mit le désordre
dans le travail commencé par les sapeurs. Nous
eûmes beaucoup de monde mis hors de combat ;
les hommes qui portaient les échelles furent tués
ou blessés, le capitaine du génie Ruy eût la jambe
et le poignet fracassés ; enfin, le général Trézel,
qui se tenait au plus fort du feu pour disposer
et encourager les troupes, fut renversé par un
coup de feu au travers du cou. Le colonel Lemercier déclara qu'il fallait renoncer à l'attaque
et faire retirer les troupes, ce que j'ordonnai
immédiatement.

L'attaque sur Koudiat-Ati fut également in-
fructueuse.

Ces tentatives, qu'il était de notre honneur de
faire avant de partir, ayant échoué, je songeai
à profiter du reste de la nuit pour réunir l'armée,
et tout disposer pour la mettre en marche. J'envoyai le commandant de Rancé à la brigade d'a-
vant-garde, pour lui donner l'ordre de lever
son camp sur le champ ; de repasser avant le
jour l'Oued-Rumel, afin de se placer sur la
position que j'occupai.

Cette marche ayant été promptement et heureusement faite, j'indiquai l'ordre dans lequel
devaient se placer les différents corps ; et l'armée
s'étant ébranlée avec tous les bagages et toute

l'artillerie, nous fûmes camper à Soma.

Cette première journée de retraite fut très-difficile, la garnison entière et un grand nombre de cavaliers arabes nous attaquèrent avec acharnement, surtout à l'arrière-garde. Mais le 63e régiment et le bataillon du 2e léger du commandant Changarnier, soutenus par les chasseurs à cheval d'Afrique, repoussèrent brillamment toutes les attaques, tuèrent beaucoup de monde à l'ennemi, et le continrent constamment.

Dans un moment si grave et si difficile, M. le commandant Changarnier s'est couvert de gloire, et s'est attiré les regards et l'estime de toute l'armée : presque entouré par les Arabes, chargé vigoureusement et perdant beaucoup de monde, il sut inspirer une telle confiance à son bataillon formé en carré, qu'au moment où il était vivement assailli, il fit pousser à sa troupe deux cris de *vive le roi!* et les Arabes intimidés ayant fait demi tour à vingt pas du bataillon, un feu de deux rangs, à bout portant, couvrit d'hommes et de chevaux trois faces du carré.

Le capitaine Mollière, mon officier d'ordonnance, chargé en cet instant critique de porter un ordre au commandant Changarnier, se trouva au nombre de ces braves, et eut part à cette noble résistance. Pendant toute la journée et celles qui suivirent, le bataillon du 2e léger suivit à l'arrière-garde avec la même distinction et fut vaillamment imité, notamment au passage

de la Scybouse, à Medjez-el-Amar, par le lieu-
tenant-colonel Duvivier, commandant le bataillon d'Afrique et la compagnie franche de Bougie.

Le 25 nous fûmes campés à Oued-Talaga,
repoussant toujours avec succès les attaques rei-
térées des Arabes.

Le 26, l'armée coucha à Sidi-Tamtam, et déjà
nous nous apercevions que le nombre des ennemis avait considérablement diminué. Au moment où nous quittâmes ce bivouac, les Arabes
et les Kabyles s'étant comme d'ordinaire préci-
pités sur l'arrière garde dans l'espoir de lui faire
abandonner quelques bagages ou quelques blessés, trois escadrons de chasseurs d'Afrique exécutèrent une charge brillante, à laquelle prirent
part, avec distinction, le capitaine de Latour-
Dupin, mon aide-de-camp, et les lieutenants de
Drée et Baichis, mes officiers d'ordonnance. Le
capitaine de chasseurs Morrice, commandant
l'un des escadrons, et qui s'était déjà fait re-
marquer, laissa la moitié de la lame de son sabre dans le corps d'un Arabe.

Le 27, nous avions à passer le défilé difficile
qui conduit au col de Raz el-Abka; j'ordonnai
au commandant de Rancé d'ouvrir la marche,
à la tête de deux escadrons. Cette cavalerie s'ac-
quitta vigoureusement de cette mission difficile,
couronnant les crètes de mamelons en mamelons, et repoussant ou contenant la cavalerie
arabe. Nous repassâmes enfin le col de Raz-el-

Abka : les Arabes cessèrent à ce point à nous.
suivre, et ne parurent plus. Les Kabyles ayant
essayé de nous fermer ce passage, furent chargés
au haut du col par les spahis, et grand nombre
d'entre eux restèrent sur la place; débusqués
ensuite par l'infanterie, des bois où ils avaient
pris position à droite et à gauche du chemin que
nous avions tracé, ils furent contraints à une
retraite précipitée. Dans cette circonstance, le
capitaine Mac-Mahon, aide-de-camp de S. A. R.,
les lieutenants Baichis et Bertrand, mes officiers
d'ordonnance, se conduisirent vaillamment : le
dernier eut son cheval tué à bout portant. Nous
campâmes au pied de la montée de la 10e, sur
la rive droite de la Seybouse.

Le 28, nous achevâmes d'éloigner les Kabyles.
dont quelques bandes occupaient les crêtes qui
dominent le défilé qui conduit à Guelma, où
nous arrivâmes de bonne heure.

Je laissai à Guelma les malades, qui pourront
s'y rétablir plus facilement qu'à Bone, et je pris
avec l'intendant militaire et le génie les dispositions nécessaires pour faire de ce poste un point
militaire très-important.

Je donne l'ordre au commandant Rancé de se
rendre auprès de vous, monsieur le ministre,
afin de vous faire connaître les détails dans lesquels les rapports ne me permettent pas d'entrer.

Je charge particulièrement mon aide-de-camp
d'exprimer au roi comment *Mgr le duc de Ne-*

mours, à su partager la fatigue et les périls de l'armée, et combien sa sollicitude pour nos soldats a été vive et éclairée, dans les circonstances pénibles et difficiles dans lesquelles nous nous sommes trouvés.

J'ai l'honneur d'être, monsieur le ministre, votre très-humble et très-obéissant serviteur.

Le maréchal gouverneur-général des possessions françaises dans le nord de l'Afrique, Maréchal CLAUSEL.

ALGER, 10 décembre.

L'occupation de Guelma a produit l'effet que j'en attendais. Achmet n'ose pas se fixer à Constantine; il conseille à la population d'abandonner la ville et de se retirer à Kamarkadde, à trois journées sud de Constantine. Il a fait décapiter le cheik El-Klad, et huit personnages des plus influents de la ville.

DEUXIÈME EXPÉDITION

CONTRE CONSTANTINE.

TOULON, le 19 septembre 1837.

Voici les nouvelles qui ont été apportées par le *Crocodile*, venant de Bone :

S. A. R. le duc de Nemours partie le 11 de Toulon sur le *Phare*, qui naviguait de conserve

avec le *Crocodile*, a été un peu fatiguée par la
traversée qui, fort heureusement, n'a pas été
longue; ces deux bâtiments ont mouillé devant
Bone dans la nuit du 13; le 14, à 7 heures du
matin, le prince est descendu à terre; les troupes étaient sous les armes; il a été reçu par les
autorités civiles et militaires; après quelques
heures de repos, S. A. R. a reçu les corps cons-
titués, il a parlé avec beaucoup d'affabilité à
tous ceux qui l'avaient accompagné lors de sa
dernière expédition; mais on a remarqué qu'il
n'a pas dit un mot sur la prochaine campagne.
Le 15, Mgr le duc de Nemours a passé la revue
du 17e léger et du 1er bataillon du 26e de ligne
qui devaient partir le lendemain pour les camps;
il a ensuite visité le parc d'artillerie et la casbah.

Il y a à Bone une quantité considérable d'officiers d'état-major ou attachés aux divers corps
qui sont arrivés avec le *Phare* et le *Crocodile* ou
qui sont revenus des camps. M. le duc de Nemours partira le 19 ou le 20 sous l'escorte d'un
escadron de chasseurs d'Afrique et de deux bataillons d'infanterie. Le général Trézel l'accom-
pagnera à *Merdjez-el-Hammar*. Le prince s'est
informé avec beaucoup de sollicitude de la situation dans laquelle se trouvaient les troupes : il
a appris avec peine que les pluies avaient surpris nos soldats sans abri au camp de *Merdjez-
el-Hammar*, et que le nombre des malades était
assez considérable; c'est le résultat de la tempo-

risation que l'on a mise dans la détermination prise par le gouvernement au sujet de l'expédition.

Au reste, les travaux du nouveau camp sont poussés avec activité et des troupes ont été envoyées en avant pour poser un nouveau jalon sur la route que l'armée expéditionnaire doit parcourir : un petit camp est formé *à* 12 *lieues de Constantine et à quatre lieues de Merdjez-el-Hammar*, sur le point le plus difficile à traverser. Mille cavaliers arabes ont voulu s'opposer à cet établissement, mais il a suffi de quelques coups de canons tirés à mitraille pour les refouler au loin, et ils n'osent plus inquiéter les travailleurs.

L'expédition ne pourra se mettre en marche qu'au commencement d'octobre.

ORDRE DU 1er OCTOBRE 1837.

Soldats !

L'expédition contre Constantine va commencer. Vous êtes appelés à l'honneur de venger vos frères d'armes qui, trahis par les éléments, ont vu leur courage et leurs efforts échouer l'année dernière sous les murs de cette ville. L'ardeur et la confiance qui vous animent sont des gages du succès qui vous attend. La France a les yeux sur vous; elle vous accompagne de ses vœux et de sa sollicitude : montrez-vous di-

15

gnes d'elle, du roi qui vous a confié un de ses fils, du prince qui est venu partager vos travaux, et que la patrie soit glorieuse de vous compter au nombre de ses enfants?

Comte DE DAMRÉMONT.

Notre armée a fait un mouvement en avant. Une partie des troupes campées à *Medjez-Ham-mar* s'est ébranlée hier pour aller prendre position à *Raz-el-Akba*, que nous occupons aujourd'hui. Si cette position avait été occupée par des troupes européennes, nous ne nous en serions rendus maîtres qu'en perdant beaucoup de monde.

Raz-el-Akba n'est qu'à trois petites journées de marche de Constantine.

M. le général Damrémont à M. le ministre de la guerre.

Les brigades Nemours et Trézel, avec l'artillerie de siége, ont pris position au marabout de Ben-Tamtam sur la rive gauche de l'Oued-Zenati.

Le général Rulhière, avec les deux autres brigades et le gros du convoi, ont dépassé le Raz-el-Akba. Je compte prendre position demain *prés de Meheris, à sept lieues de Constantine.* L'ennemi n'a pas paru. Le bey a quitté sa position de Raz-El-Akba, et s'est retiré à trois lieues de sa capitale. La santé de l'armée est bonne.

S. A. R. le prince de Joinville, arrivé le 4 au soir sur l'*Hercule*, a débarqué le 5 à Bone, et le 6 il est parti pour aller au camp et ensuite se diriger sur nos positions devant Constantine, sous l'escorte du colonel du 26° régiment d'infanterie de ligne.

Le corps d'expédition était entièrement réuni le 5 à trois lieues de Constantine. L'ennemi n'a pas paru. Un grand nombre de tribus avaient abandonné Achmet-Bey, et leurs chefs s'étaient soumis au gouverneur-général.

Mgr le duc de Nemours, à la tête de la 1ʳᵉ brigade et suivi du reste de l'armée, devait occuper le 6 les positions devant Constantine.

Jusqu'à cette époque, la santé de l'armée a été parfaite et le temps magnifique.

Par sa lettre du 10 octobre, écrite sur le plateau de Manshoura, le général Perregaux annonce que l'armée était arrivée le 6 devant Constantine.

Il a plu beaucoup pendant deux jours, ce qui a contrarié les opérations du siége ; mais le temps était remis et on espérait battre la place en brèche le 11. S. A. R le duc de Nemours se portait très-bien.

Le colonel Brenelle qui est au camp, ira, le 13, rejoindre l'armée avec trois bataillons, 200 canonniers, 250 chevaux d'artillerie et deux

pièces de canon. Ces troupes doivent prendre
sous leur escorte le prince de Joinville, qui est
arrivé a Medjez-Ammar le 9.

» D'après toutes les probabilités, l'armée expéditionnaire n'ayant pas eu de combats sérieux
à soutenir pour s'établir sur le Ras-el-Akba, où
elle a bivouaqué le premier jour, on peut supposer qu'on n'a cherché à lui disputer le terrain
qu'aux approches de Constantine. Pendant les
premiers jours de marche, il n'y a eu sans doute
que des combats de tirailleurs. Les Arabes venus à Tunis de l'intérieur, rapportent que dans
la journée du 5 et dans celle du 6, on a entendu
une vive canonnade continue dans la direction
de l'Ouel-el-Arriva, ruisseau qui coule à l'extrémité de la plaine du Filat, à 5 lieues environ
de Constantine. Il est probable que l'aga d'Achmet, qui avait établi son camp non loin de là,
aura défendu cette position.

» Au dire des Arabes, on rencontre de toutes part des habitants de Constantine qui fuient
dans toutes les directions avec ce qu'ils ont pu
emporter; un assez grand nombre se sont ré-
fugiés dans les tribus dont le territoire est traversé par la route de Tunis; les juifs éprouvent
une grande frayeur, mais il n'osent pas quitter
la ville, parce qu'ils seraient pillés par les Turcs
avant d'en sortir; il faut donc qu'ils se résignent
à leur malheureux sort. S'ils étaient seulement
soupçonnés de vouloir livrer la ville, ils paie-
raient ce soupçon de leur tête. »

M. le général Damrémont à M. le ministre de la guerre.

« L'armée se met en marche : la première brigade, commandée par le général Trézel, passe aujourd'hui le Raz-el Akba. Le reste de l'armée suivra demain ; le temps est beau »

Extrait d'un rapport adressé de Constantine, le 16 octobre, par M. le lieutenant-général comte Vallée, à M. le président du conseil des ministres.

Je vais rendre compte à M. le ministre de la guerre des opérations de l'armée, du premier au 13 octobre. Une copie de mon rapport sera sans doute mise sous vos yeux, et V. Exc. y verra l'ensemble des travaux du siége dans cette opération entièrement d'artillerie, et les mesures adoptées pour l'assaut qui nous a rendus maîtres de la ville,

Quelques tentatives ont été faites, pendant que nous étions devant la place, pour renouer les négociations. Le 11 octobre, le général de Damrémont adressa aux habitants de Constantine une proclamation. Le parlementaire revint le lendemain sans avoir été maltraité, mais rapportant une réponse injurieuse, et qui annonçait de la part des habitants l'intention de s'ensevelir sous les ruines de la place. Le 12, quelques heures après la mort du gouverneur-général, un envoyé d'Achmet s'est présenté à nos avant-postes : amené devant moi, il m'a remis de la part du bey la lettre dont je vous envoie copie.

Cette démarche d'Achmet m'a semblé n'avoir d'autre but que de gagner du temps , dans l'espoir peut-être que les vivres ne tardaient pas à nous manquer , et que l'armée, obligée d'exécuter en présence de l'ennemi une pénible retraite, périrait de faim ou de misère , ou offrirait au bey une occasion favorable pour l'attaquer avec succès. Cette pensée m'a fait répondre au bey que, tout disposé que j'étais à faire avec lui une convention qui mit un terme aux maux de la guerre, je devais exiger , comme préliminaire indispensable de toute négociation , la remise de la place , et qu'en attendant sa réponse, je n'en presserais pas avec moins d'activité la marche de l'attaque. Le parlementaire partit avec la lettre dont je vous adresse copie et depuis lors nous n'avons plus entendu parler d'Achmet.

Au moment où je refusais de faire cesser le feu de mes batteries, la brèche était déjà commencée au corps de place. Dans la soirée du 12, elle me parut assez avancée pour faire espérer que le lendemain matin elle serait complètement praticable. Je donnai, en conséquence, les ordres nécessaires pour la formation des colonnes d'assaut, qui devaient être sous la direction de Mgr le duc de Nemours, commandant les troupes du siége. Les batteries continuèrent à tirer pendant toute la nuit et au point du jour tout fut disposé pour pénétrer dans la place, dont l'aveugle fureur de l'ennemi refusait encore de nous ouvrir les portes.

Je n'entrerai pas dans le détail de l'assaut livré par nos troupes avec la plus brillante valeur; c'est une des actions de guerre les plus remarquables dont j'aie été témoin dans ma longue carrière, et je dois à nos soldats la justice de dire que tous se sont montrés dignes de la haute mission qui leur était confiée.

Dès que le calme fut rétabli dans la ville, je vins prendre possession, avec S. A. R. Mgr le duc de Nemours, du palais du bey, et mes premiers soins eurent pour but d'opérer le désarmement des habitants et de faire cesser le désordre inséparable d'une prise d'assaut. J'ai nommé le général Rulhières commandant supérieur de Constantine, et je lui ai prescrit toutes les mesures propres à rassurer le petit nombre d'habitants qui sont restés en ville. J'ai fait annoncer au peuple que nous prenions l'engagement de faire respecter les mœurs et la religion du pays. L'entrée des mosquées a été interdite aux soldats français, et depuis ce matin les Musulmans se livrent à la prière aux heures prescrites par le Coran.

Aidé par les autorités locales, que j'ai maintenues dans leurs fonctions, l'intendant de l'armée se livre à la recherche des magasins publics et particuliers. Il a déjà trouvé une grande quantité de blé et des magasins d'orge suffisants pour les premiers besoins de l'armée. Mais nous n'avons pu encore trouver de bestiaux, et l'armée vit avec la viande qu'elle a amenée de Mjez-Amar. Au reste, j'ai l'espoir que les tribus voisines ne tarderont pas à nous apporter des denrées : j'ai fait ouvrir un marché à la porte Bab-el Oued, et tout semble indiquer qu'il sera prochainement fréquenté.

Je vais suivre, autant que possible, les traces du bey ; les derniers renseignements qui me sont parvenus annoncent qu'après avoir été dépouillé par les Arabes des trésors, qu'il avait emportés, il s'est retiré à plusieurs journées de marche de Constantine. J'ai expédié des émissaires pour connaître exactement la position qu'il occupe. . . . .

Rapport à M. le ministre de la guerre.

Quartier-général à Constantine.

Monsieur le comte,

De précédent rapports vous ont fait connaître les mouvements de l'armée depuis le départ de Medjez-Ammar jusqu'à son arrivée à la position de Jommah, à trois lieues de Constantine. Cette marche n'a point été inquiétée par l'ennemi, et, à l'exception d'un violent orage dans la partie élevé du Raz-el-Akba, le temps l'a constamment favorisée. Aucun incident n'a troublé l'ordre dans les colonnes, et l'équipage de siège a constamment marché à hauteur de l'infanterie, franchissant les obstacles que présentait le terrain.

Dans la journée du 5, l'ennemi se montra pour là première fois. Les fourrageurs du général Rulhières, chargés d'escorter la deuxième partie du convoi, furent attaqués; une charge du 1er de chasseurs repoussa les Arabes, qui laissèrent sur la place 6 ou 7 des leurs. Le soir, les deux colonnes de l'armée campèrent à une demi-lieue de distance, sur la rive droite du Bounnerzoug. Pendant la nuit, le temps sembla vouloir se mettre à la pluie. Cette circonstance engagea à presser le départ, et le 6 octobre, à six heures du matin, les troupes se mirent en mouvement et s'approchèrent de Constantine. Les parcs de l'armée s'établirent sur le plateau de Sidi-Malbrouck, sous la garde de la 2e brigade et l'avant-garde, aux ordres de S. A. R. Mgr le duc de Nemours, prit position sur le plateau plus élevé de Sath-el-Mansourah. L'ennemi pensant que, comme l'année précédente, l'attaque serait dirigée vers la porte d'Elcantara, défendit le ravin qui conduit à cette porte. Les zouaves, commandés par M. le colonel Lamoricière, furent engagés pendant quelques moments,

et forcèrent les troupes du bey à évacuer complètement le plateau. La place jeta quelques
bombes pour appuyer les troupes qui nous
étaient opposées, mais elles ne produisirent aucun effet.

La reconnaissance de la place fut faite par les
commandants en chef de l'artillerie et du génie,
l'attaque par le Koudiat-Aty était bien clairement indiquée comme la seule convenable, mais
il parut nécessaire d'établir des batteries sur le
Mansourah pour éteindre les feux de la Casbah,
et prendre d'enfilade et de revers les batteries
du frond d'attaque. L'emplacement de trois batteries fut déterminé, et l'ordre fut donné d'en
commencer la construction à six heures du soir.

A deux heures, les 3° et 4° brigades, sous
les ordres de M. le général Rulhières, passèrent
le Rumel, et s'établirent sur le Koudiat-Aty.
Des groupes de cavaliers et de tirailleurs arabes
cherchèrent à inquiéter la marche de cette colonne, mais ils furent précipitamment éloignés,
et n'opposèrent nulle part une résistance sérieuse. Au moment où la tête de la colonne traversait le gué de Boummerzong, un boulet enleva le capitaine du génie Rabier, aide-de-camp
du génie de M. le lieutenant-général Fleury.

Un ordre de l'armée fit connaître que S. A. R.
monseigneur le duc de Nemours prendrait le
commandement du siége. Les commandants en
chef de l'artillerie et du génie conservèrent la

direction des travaux de leur arme, S. A. R. désigna pour major de tranchée M. le capitaine de Salle, du corps royal d'état-major. MM. de Mirmont et Letellier lui furent adjoints comme aides-majors de tranchée.

À l'heure prescrite, la construction des batteries du Mansourah fut commencée; elles étaient au nombre de trois : la première, qui reçut le nom de *batterie du roi*, fut placée à mi-côte, dans le prolongement de la courtine du front d'attaque : elle fut armée d'une pièce de 24, deux pièces de 16, deux obusiers de 8, et avait pour but de prendre à revers et d'enfilade les batteries du front d'attaque, et d'en éteindre autant que possible les feux.

La deuxième, appelée *batterie d'Orléans*, fut placée à la droite de la redoute Tunisienne; elle fut armée de deux pièces de 16 et de deux obusiers de 8; son but était de contre-battre et d'éteindre les feux de la Casbah.

La troisième, armée de trois mortiers de 8, fut établie à la gauche de la redoute Tunisienne. Ces trois batteries furent placées sous les ordres de M. le chef d'escadron Maléchard.

Les communications entre les batteries pouvant avoir lieu à couvert sur presque tous les points et les troupes se trouvant défilées par les terrain naturel des feux de la place, le génie n'eût pas à exécuter des travaux d'approche.

Les travaux des batteries furent poussés pen-

dan' toute la nuit avec la plus grande activité.
L'ennemi n'essaya pas de troubler les travailleurs, et se borna à tirer quelques coups de fusil
auxquels on ne répondit pas de notre côté.

Le 7, à six heures du matin, le coffre de la
batterie d'Orléans et de celle de mortiers était
terminé.

Vers midi, le commandant en chef de l'artillerie reconnut la place du côté de Koudiat-Aty.
L'emplacement d'une batterie destinée à battre
en brèche, et celui d'une batterie d'obusiers furent déterminés, et des ordres furent donnés
pour en commencer la construction dans la soirée, et en presser les travaux de manière à ce
qu'elles pussent faire feu en même temps que celle
de Mansourah: cette dernière batterie reçut le
nom de *batterie de Nemours*.

A quatre heures du soir, les batteries de Mansourah étaient complétement terminées. Des ordres furent donnés pour les armer pendant la
nuit. Le génie avait rendu praticable le chemin
qui conduisait du parc de Sidi-Mabrouk à la
batterie du roi, et les pièces destinées à armer
les batteries d'Orléans et celle de mortiers devaient arriver par le plateau de Mansourah.

Vers cinq heures, la pluie commença à tomber, et dans la nuit la tempête devint tellement
violente que les travaux durent être plusieurs
fois interrompus.

Le 9, à sep' heures du matin, les quatres batteries du Mansourah et la batterie d'obusiers du Koudiat-Aty commencèrent à tirer. L'ennemi répondit par le feu de vingt pièces et mortiers. Ses batteries essayèrent de soutenir le combat, mais leurs embrâsures furent successivement renversées, la plupart des pièces démontées, et avant onze heures leur feu était entièrement éteint.

L'ennemi avait réparé ses batteries pendant la nuit, et apercevant le mouvement de l'artillerie, il commença à tirer; quelques chevaux furent blessés et une pièce de 24 versée.

Vers midi, l'ennemi dirigea une attaque contre la position occupée par le général Rulhière sur le Koudiat-Aty. Le gouverneur-général qui se trouvait sur ce point, ordonna de sortir des retranchements et d'attaquer les assaillants à la baïonnette; deux compagnies de la légion étrangère, animées par la présence de Mgr. le duc de Nemours et du gouverneur qui marchaient avec elles, franchirent le parapet qui les couvrait, et abordèrent l'ennemi avec la plus grande résolution; les Arabes furent culbutés et poursuivis l'épée dans les reins aussi loin que le permirent les escarpements qui coupent le terrain sur ce point. Un grand nombre d'entre eux restèrent sur la place. De notre côté. nous eûmes plusieurs hommes tués, parmi lesquels on eut à regretter le capitaine Marland; 14 hommes furent blessés, parmi lesquels le ca-

16

pitaine Raindre, qui eut une jambe brisée, et le capitaine Mac-Mahon, aide-de-camp du gouverneur général, frappé par une balle.

Dans l'après-midi, l'ennemi tira beaucoup sur la maison en avant du ravin, occupée par le 47e. Plusieurs hommes furent blessés, entre autres le capitaine d'état-major d'Augicourt, envoyé en mission sur ce point.

A sept heures du soir, les travaux de la place d'armes furent commencés. Au jour, ils étaient presque complètement terminés. L'ennemi dirigea son feu pendant quelques moments sur la tête de sape du génie. Une sortie effectuée contre le 47e, chargé de la garde de la tranchée, fut vigoureusement repoussée à la baïonnette et sans tirer un seul coup de fusil : un seul homme fut tué de notre côté.

Les feux de la place furent promptement éteints, et à midi on commença à battre en brèche. Le soir, la brèche était déjà bien indiquée, et la nature de la muraille fit connaître qu'elle était moins facile à renverser qu'on ne l'avait pensé jusqu'alors. Son épaisseur était de 1 mètre 40 centimètres; mais elle était appuyée contre d'anciennes constructions qui rendaient cette épaisseur extrêmement considérable. Le revêtement de l'escarpe était en pierre de taille calcaire d'une grande dureté.

Quelques démonstrations furent faites par les Arabes contre le 47e et le 3e de chasseurs, placés sur la hauteur en arrière dn Koudiat-Aty, mais elles furent facilement contenues.

Le gouverneur général, voulant faire une dernière tentative pour amener la soumission de la place, adressa une proclamation aux habitants. Un jeune Arabe du bataillon turc se présenta pour remplir cette périlleuse mission. Admis dans la place, il revint le lendemain sans y avoir été maltraité, mais rapportant une réponse verbale qui annonçait de la part des habitants l'intention de s'ensevelir sous les ruines de la place.

Le 12 au point du jour, les pièces destinées à armer la nouvelle batterie de brèche étaient placées derrière son épaulement; mais l'approvisionnement n'avait pu être fait, et il fallut le transporter en plein jour en parcourant à découvert un espace de 300 mètres pour aller du dépôt de tranchée au ravin, d'où débouchait la place d'armes : deux cents hommes d'infanterie furent employés à ce travail, et l'exécutèrent sans accident et avec une intrépidité remarquables.

La batterie de Nemours fut réarmée pendant la nuit, et les mortiers continuèrent leur feu, qui n'avait pas cessé malgré la nuit.

Vers huit heures et demie, le gouverneur-général se rendant à la tranchée avec S. A. R. Mgr. le duc de Nemours pour examiner les travaux de la nuit, fut emporté par un boulet de

canon au moment où il arrivait au dépôt de la
tranchée. Le maréchal-de-camp Perregaux,
chef de l'état-major-général, fut blessé au même
moment d'une balle à la tête. Je dus à l'instant
même prendre le commandement en chef de l'armée, et ordonner toutes les mesures pour terminer promptement l'opération dont la respon-
sabilité pesait désormais sur moi seul.

A neuf heures, les batteries en arrière de
celle de brèche commencèrent à tirer ; elles firent bientôt taire le feu de la place, et la mousqueterie elle-même cessa de se faire entendre.

A une heure, la batterie de brèche continua
sa brèche commencée, et vers le soir l'état de
cette brèche était tel qu'on put fixer l'assaut
pour le lendemain.

A cinq heures, un parlementaire envoyé par
le bey Achmet, fut amené en ma présence, et
me remit une lettre dans laquelle le bey me proposait de suspendre les opérations du siége, et
de renouer les négociations. Cette démarche me
parut avoir pour but de gagner du temps, dans
l'espoir que la faim et le manque de munitions
nous obligeraient bientôt à nous retirer. Je re-
fusai de faire cesser le feu de mes batteries, et
le parlementaire partit avec une lettre dans laquelle j'annonçais à Achmet que j'exigeais la remise de la place, comme préliminaire de toute
négociation.

Les batteries reçurent ordre de tirer pendant

toute la nuit à intervalles inégaux, de manière à empêcher l'ennemi de déblayer la brèche et d'y construire uu retranchement intérieur.

Le 13, à trois heures et demie du matin, la brèche fut reconnue par M. le capitaine du génie Boutanlt et M. le capitaine de zouaves, de Garderens. Le rapport de ces deux officiers fut qu'elle était praticable, et que l'ennemi n'avait pas cherché à en déblayer le pied.

A 4 heures, je me rendis dans la batterie de brèche avec S. A. R. Mgr. le duc de Nemours, qui devait, comme commandant de siége, diriger les colonnes d'assaut, et M. le général Fleury. Les colonnes d'attaque au nombre de trois furent formées. La première, commandée par M. le lieutenant colonel de Lamoricière, fut composée de 40 sapeurs, 300 zouaves, et les deux compagnies d'élite du bataillon du 2e léger.

La deuxième colonne, commandée par M. le colonel Combe, ayant sous ses ordres MM. Bedeau et Leclere, chefs de bataillon, fnt composée de la compagnie franche du 2e bataillon d'Afrique, de 80 sapeurs du génie, de 100 hommes du 3e bataillon d'Afrique, 100 hommes de la légion étrangère et 300 hommes du 47e.

La troisième colonne, aux ordres de M. le colonel Corbin, fut formée de deux bataillons, composés de détachement pris, en nombre égal, dans les quatre brigades.

16.

La première et la deuxième colonne furent placées dans la place d'armes et dans le ravin y attenant; la troisième fut formée derrière le Bardo.

La batterie de brèche reprit son feu, exclusivement dirigé sur la brèche; les autres batteries dirigèrent le leur sur les défenses de la place qui pouvaient avoir action sur la marche des colonnes d'assaut.

A sept heures, j'ordonnai l'assaut.

S. A. R. Mgr. le duc de Nemours lança la première colonne dirigée par M. le lieutenant colonel de Lamoricière; elle franchit rapidement l'espace qui la séparait de la ville, et gravit la brèche sous le feu de l'ennemi. Le colonel de Lamoricière et le chef de bataillon Vieux, aide-de-camp de M. le lieutenant-général Fleury, arrivèrent les premiers au haut de la brèche, qui fut enlevée sans difficulté. Mais bientôt la colonne engagée dans un labyrinthe de maisons moitié détruites, de murs crénelés et de barricades, éprouva la résistance la plus acharnée de la part de l'ennemi. Celui-ci parvint à faire écrouler un pan de mur qui ensevelit un grand nombre des assaillants, et entre autres le chef de bataillon de Sérigny, commandant le bataillon du 2e léger.

La marche des troupes dans la ville devint plus rapide après la chute du mur, malgré la résistance de l'ennemi. A droite de la brèche, après avoir fait chèrement acheter la possession d'une porte qui donnait dans une espèce de réduit, les Arabes se retirèrent à distance, et bientôt après une mine fortement chargée engloutit et brûla un grand nombre de nos soldats. Plusieurs périrent dans ce cruel moment : d'autres, parmi lesquels je dois citer le colonel Lamoricière, et plusieurs officiers de zouaves et du 2e léger, et les officiers du génie Vieux et Leblanc, furent grièvement blessés. A la gauche, les troupes parvinrent à se loger dans les maisons voisines de la brèche ; les sapeurs du génie cheminèrent à travers les murs, et l'on parvint ainsi à tourner l'ennemi : la même manœuvre, exécutée à la droite, força l'ennemi à se retirer, et décida la reddition de la place.

Le combat se soutint encore pendant près d'une heure dans les murs de la ville ; enfin, les Arabes, chassés de position en position, furent rejetés sur la casbah ; et le général Rulhière, que je venais de nommer commandant supérieur de la place, y arrivant en même temps qu'eux, les força à mettre bas les armes. Un grand nombre, cependant, périt en cherchant à se précipiter du rempart dans la plaine.

Le calme se rétablit bientôt dans la ville. Le drapeau tricolore fut élevé sur les principaux édifices publics, et S. A. R. Mgr. le duc de Nemours vint prendre possession du palais du bey.

Des ordres sévères furent donnés pour empêcher le pillage et faire respecter les mœurs et la religion du pays. Le cheik et les autorités de la ville furent maintenus dans leurs fonctions, et par leurs soins, la population fut tranquillisée sur son sort, et les relations entre les Français et les Arabes ne tardèrent pas à s'établir.

Je voudrais pouvoir citer, monsieur le ministre, les noms de tous les officiers, sous-officiers et soldats qui ont bien rempli leurs devoirs, mais je dois me borner à vous désigner ceux qui se sont particulièrement distingués.

Je nommerai en première ligne S. A. R. Mgr. le duc de Nemours, M. le lieutenant-général baron de Fleury, et MM. les maréchaux-de-camp Trézel et Rulhière.

Constantine, le 26 octobre 1837.

Le lieutenant-général commandant en chef
l'armée d'expédition de Constantine.

Comte VALÉE.

Lettre de M. le lieutenant-général comte Valée
à M le président du conseil.

Constantine le 20 octobre 1837.

Monsieur le comte,

Depuis la lettre que j'ai eu l'honneur de vous écrire, le 16 de ce mois, le calme a continué à régner dans Constantine. Les habitants abattus par leur défaite se sont soumis sans difficulté à toutes les mesures que j'ai cru devoir prescrire et un grand nombre de ceux qui avaient cherché leur salut dans la fuite ont fait demander la permission de rentrer dans leurs foyers. J'ai fait ouvrir les portes à tous ceux qui se sont présentés, mais j'ai défendu de les laisser pénétrer dans la place avec des armes et j'ai étendu la même disposition aux indigènes qui sortent de la ville ; déjà plusieurs hommes influens sont revenus dans leurs maisons et contribuent par leur présence à rassurer le peuple.

Mes prévisions pour l'approvisionnement des marchés se sont réalisées. Déjà les Arabes nous apportent des denrées à Abd-el-Oued, et l'armée peut acheter journellement ce qui est nécessaire à sa subsistance. Un résultat plus important encore a été obtenu à la suite de quelques négociations.

Plusieurs cheiks se sont engagés à fournir les bestiaux nécessaires pour les distributions de viande. L'un d'eux a déjà livré 180 bœufs, et il promet d'en amener encore. J'ai cru devoir récompenser son dévouement en lui donnant un *bournou*, et j'en distribuerai par la suite aux chefs des tribus qui se rallieront à nous. Vous savez, Monsieur le comte, que le *bournou* rouge ou noir est le témoignage de satisfaction que les chefs donnent dans ce pays à leur adhérents, et je suis informé qu'Achmet vient d'en distribuer à tous les cheiks qui ont suivi sa fortune.

J'ai décidé que le paiement des fournitures faites à l'armée serait jusqu'à nouvel ordre effectué par la ville de Constantine. Les autorités municipales seront chargées de faire la répartition de ces dépenses entre les habitants, et les demandes de fournitures ne sont accueillies qu'autant qu'elles sont faites dans la forme régulière par l'intendant de l'armée.

L'artillerie continue à rechercher les armes et autres objets d'armement qui sont dans la ville. Des états du matériel trouvé dans la place seront dressés et envoyés prochainement à M. le ministre de la guerre.

Dans la crainte de voir le mauvais temps rendre les chemins impraticables, je viens de prescrire à l'artillerie de diriger sur Medjez-Hamar les bouches à feu de siége que nous avons employées contre la place. Ce mouvement sera continué sur Bone, si l'état de la route entre cette ville et Medjez-Hamar le permet. J'espère que cette opération difficile pourra être exécutée avant que la pluie ait rendu le passage dans les montagnes aussi périlleux qu'il l'est ordinairement en hiver (1).

Je mets une grande importance à ramener à

_____

(1) Le 26 octobre, l'équipage de siége et le convoi annoncés par le général Valée, entraient à Bone.

Bone le matériel que le roi m'a confié. L'expédition de Constantine ne sera complétement terminée que lorsque l'équipage de siége sera en sûreté et que la France n'aura plus à redouter la perte que lui occasionnerait la nécessité de l'abandonner ou de le détruire.

J'ai prescrit la formation d'un corps d'occupation, fort de 2,500 hommes de toutes armes. Je laisserai dans Constantine cette garnison, qui me paraît plus que suffisante pour maintenir la ville et asseoir notre influence sur les tribus voisines. J'ai prescrit à l'intendant de l'armée de former pour cette garnison un approvisionnement complet pour six mois. Il s'occupe avec hâte de réunir les denrées nécessaires, et je ne quitterai la ville que lorsque cette opération sera entièrement terminée.

La chute de Constantine a eu un grand retentissement dans cette partie de l'Afrique. Les rapports qui m'arrivent de tous les côtés, me font connaître que jusqu'au dernier moment, les Arabes avaient regardé comme impossible la prise de la place. Une profonde stupeur a suivi l'événement, et les tribus en ont conçu une haute idée de la puissance de la France. Vous savez, M. le comte, l'influence que Constantine a toujours exercée dans le pays. Placée à quarante lieues de la mer, au milieu d'un pays très-peuplé, cette ville était à la fois le marché et la place d'armes de la province, et quoiqu'elle se trouve aujourd'hui au pouvoir des chrétiens, les Arabes ne peuvent se résoudre à rompre leurs rapports avec elle. Leurs regards ne peuvent d'ailleurs se tourner vers aucune autre ville pour lui faire jouer le rôle de Constantine.

Les tribus qui vivent autour de Constantine sont moins belliqueuses et plus agricoles que celles des autres parties de la régence. Le pays fournit des grains abondamment, et c'est à Constantine que se trouve le marché où les Arabes viennent les vendre depuis un temps immémorial.

Notre position me paraît donc favorable sous tous les rapports. La garnison que je vais laisser à Constantine permettra au gouvernement du roi d'adopter à l'égard de cette province le parti qui lui paraîtra le plus convenable et s'il juge à propos de la retirer au printemps, elle n'éprouvera par le beau temps aucune difficulté à se rendre à Bone.

Agréez, etc.

Signé, *le lieutenant-général commandant en chef l'expédition de Constantine,*

Comte VALÉE.

Rapport adressé au général Valée par le général Fleury, chargé de diriger les opérations du siége de Constantine. Ce document contient quelques détails nouveaux sur l'assaut livré à la place, et lève l'incerti-

tude qui règnait encore sur quelques circonstances importantes de ce fait d'armes :

*A M. le général en chef du corps d'armée expé-
ditionnaire contre Constantine.*

« Mon général ,

» L'expédition de Constantine ayant atteint
victorieusement son but difficile, j'ai l'honneur
de vous adresser mon rapport sur le service de
l'arme que j'ai été appelé à commander, et sur
la part qu'elle a prise à cette glorieuse opération, soit avant, soit pendant le siége.

» Dès le mois de janvier, il fut ordonné aux
officiers du génie d'exécuter une route carros-
sable de Bone à la Seybouse, à la hauteur de Guelma, et même au-delà, en créant quelques points
de sûreté destinés à recevoir des magasins, à
donner des lieux de stations aux troupes, à former enfin une ligne d'opération, en rapprochant
de Constantine le point de départ de l'armée expéditionnaire.

» Ces travaux considérables ont été exécutés
avec des peines et des efforts infinis pendant la
rigueur de la saison. Les officiers, sous la direction de M. le général Lamy et de M. le lieute-
nant-colonel Guillemain, y ont fait preuve de
constance et de zèle, et tous, à très-peu d'ex-
ceptions près, ont sacrifié leur santé qui ne se
rétablira qu'après un long temps de repos, et

17

pour les plus frappés par le changement de climat.

» Les camps de Dréan, de Nechmeya, de Medjez-el-Amar furent fortifiés, et la route viable pour l'artillerie, exécutée jusque sur le col du Ras-el-Akba.

» Le parc du génie, malgré les défauts inévitables d'une organisation improvisée, au moyen de conducteurs auxiliaires, malgré la surcharge de ces voitures pour venir au secours de l'administration, marcha très-bien sans perte et même sans retard d'une seule voiture.

» Devant Constantine, on ne perdit pas un moment pour occuper la position du Mansourah, et, quelques heures après, celle de Koudiat-Aty.

» Là, je fis, une perte cruelle. M. Rabier, mon aide-de-camp, jeune officier plein de talent, fut tué d'un coup de canon, au passage du Rumel.

» Les reconnaissances furent faites pour les divers emplacements des batteries, et bientôt les batteries commencées. Les chemins pour y arriver furent tracés et exécutés.

» Personne plus que vous, mon général, n'a pu apprécier le zèle et l'empressement que les officiers du génie ont mis à seconder les efforts de l'artillerie. Vous savez comment, dans l'immense et urgent intérêt de l'attaque, tous nos moyens en personnel et matériel sont devenus auxiliaires de l'artillerie, et comment ce concours, qui, dans la circonstance critique où nous nous trouvions, n'était à mes yeux qu'un devoir, a contribué au succès.

» Cependant la brèche commencée par la première batterie établie à environ 500 mètres de la place, nous profitâmes d'un ravin en avant, dont une extrémité se rapprochait de la place à 200 mètres environ, pour en faire le point de départ d'une place d'armes, que nous portâmes à 180 mètres à peu près de la brèche. Ce travail s'exécuta au moyen de sacs à terre en sape volante et en sape pleine, suivant l'intensité du feu.

» Le lendemain, on transforma une partie du parapet de cette place d'armes pour en faire une batterie de brèche rapprochée, et les pièces de la batterie en arrière y furent transportées. L'épaulement fut exécuté avec le même concours de notre part. Pendant cette difficile et dangereuse opération, nous poussâmes en avant notre place d'armes, de manière à couvrir un vaste terre-plein intérieur, pour recevoir la tête de la colonne d'assaut, et en rapprocher encore le point de départ jusqu'à 110 mètres de la brèche. Cette nuit, le capitaine de génie Carrette fut blessé.

» La brèche ayant été reconnue le 13, à quatre heures du matin, par le capitaine de génie Boutault, et par un officier de zouaves, M. de Garderens, qui y fut blessé, elle fut jugée praticable, et l'assaut ordonné pour les neuf heures.

» Cette heure du jour fut choisie, d'abord pour donner le temps à la batterie de brèche de détruire complètement les retranchements que l'ennemi y avait faits pendant la nuit, et ensuite parce qu'on devait s'attendre derrière la brèche à une résistance dans les maisons, pour laquelle la nuit donne tous les avantages à la défense.

» Le chef de bataillon du génie Vieux monta le premier avec quarante sapeurs. Trois capitaines conduisaient la seconde colonne de 80 sapeurs. M. de la Moricière, commandant des zouaves, monta le premier sur la brèche. C'est vers ce moment qu'au milieu des maisons à moitié détruites la mine éclata avec un fracas effroyable. Le capitaine Le blanc qui commandait sur ce point ne voulut pas, malgré une grave blessure, quitter le poste où déjà le capitaine Hackett avait été tué et trois autres capitaines mortellement blessés. Le chef de bataillon Villeneuve reprit les travaux d'attaque et le capitaine Niel, en tournant la brèche, entra dans la ville et détermina la reddition.....

« GÉNÉRAL FLEURY. »

Plusieur lettres de Constantine annoncent que la population rentre en ville par groupes de cent individus, mais cette population est encore bien loin de son effectif. On comptait 25,000 âmes a Constantine, et il n'y en a pas plus de 6000 aujourd'hui. Cependant les autorités indigènes, qui nous connaissent mieux, ont fait dire partout que nous respections les personnes, les propriétés, les mœurs, la religion; elles nous sont dévouées, et c'est un gage pour l'avenir. Il ne manque aux Français dans ce pays que d'être mieux connus.

Le général Valée à M. le président du conseil.

Bone, 31 octobre.

L'armée avec les blessés, les malades et tout l'équipage de siége, est rentrée à Bone le 3, n'ayant laissé en arrière ni hommes ni encombrement. Une garnison considérable, approvisionnée pour six mois, est restée à Constantine. Les positions intermédiaires de Medjez-Ammar, Ghelma, Necmaya et Dréan sont également occupées. De Constantine à Bone il n'a pas été tiré un coup de fusil. Les Arabes ont dressé de nouveau leurs tentes dans les douars abandonnés lors de la marche sur Constantine. Les troupeaux sont revenus dans les vallées que la route traverse, et sur tous les points les habitants se sont montrés bien disposés.

LL. AA. RR. le duc de Nemours et le prince de Joinville se portent bien.

17.

Ordre du jour.

Soldats, vous venez de terminer une campagne pénible et glorieuse, vous rentrez dans votre camp, un mois jour pour jour après l'avoir quitté; dans ce court espace de temps vous avez pris une ville fortifiée par l'art et la nature, vous avez pacifié une province que la guerre désolait depuis plusieurs années.

La France verra avec orgueil les lauriers qui entourent vos drapeaux et les vieux guerriers applaudiront aux succès de leurs jeunes successeurs.

Pour moi je suis heureux qu'à la fin de ma longue carrière la fortune m'ait appelé a commander une armée aussi brave et aussi dévouée, et je vous remercie tous de l'appui que vous m'avez accordé dans plusieurs occasions difficiles.

Le prince qui a constamment marché à votre tête, qui a partagé vos travaux et vos privations fera connaître au roi le zèle et la résignation que vous avez constamment montrés et je ne doute pas que la justice de sa majesté ne vous accorde bientôt les récompenses que vous avez si noblement méritées.

Le général commendant en chef,

(Signé) VALÉE.

»........ Je t'écris encore, mais quel contraste !

je reviens du bal, oui vraiment, d'un bal en règle et auquel je ne m'attendais pas. Après mon dîner, j'ai été au palais pour faire visite à nos deux jeunes princes; nous étions réunis dans un des magnifiques appartements, lorsqu'un eunuque est venu dire que les dames du harem, voulant témoigner à Mgr. le duc de Nemours leur reconnaissance de la protection qu'elles en recevaient, l'invitaient à assister à une fête. Cette proposition inattendue fut acceptée avec joie, et nous voilà tous, à la lueur des flambeaux, traversant les galeries du palais pour franchir les portes sacrées du harem.

» On nous a conduits dans une cour carrée en marbre, avec deux galeries en arcades soutenues par un double étage d'élégantes colonnes; tout était brillamment illuminé avec des cierges, et des siéges élevés nous avaient été préparés au rez-de-chaussée, au milieu d'un double rang de femmes accroupies, noires et blanches, à peu près sans voiles, fort parées, mais sans goût. A notre arrivée, on commença des chants bizarres, accompagnés de tambours de basque et de claquements de mains. Au son de cette musique, qui marquait fortement la mesure, des danseuses noires se sont élancées deux à deux et ont successivement exécuté toutes les danses religieuses des contrées idolâtres de l'Afrique.

» C'étaient des contorsions, des poses, des mouvements de jambes incroyables, qui avaient

pour nous tout le charme de la surprise. Après
les négresses sont venues les blanches, peut-être
un peu moins disgracieuses, mais aussi bien
moins étonnantes, bien moins exaltées; car,
pour les autres, elles s'animaient jusqu'au dé-
lire.

Parmi ces cent cinquante femmes et plus, une
seule m'a paru réellement jolie; elle se nomme
Aïéhée, et a à peine dix-sept ans. Les autres sont
seulement passables, et quelques-unes même fort
laides. Il y avait quelques jolis petits enfants;
mais tout cela, au reste, était horriblement mal
ajusté......

»..... La maison que j'habite est abondamment
pourvue de provisions; je livre chaque jour à
mon hôte ce qui lui est nécessaire pour sa nombreuse famille, et chaque jour il ajoute à mon
ordinaire un plat arabe qui n'est réellement
très-bon que lorsque c'est de la pâtisserie... »

*Lettre du roi à M. le maréchal comte Valée,
commandant en chef l'armée de Constantine.*

Mon cher maréchal,

Je viens témoigner à l'armée que vous commandez la reconnaissance de la France et la
mienne, pour le brillant fait d'armes qui ajoute
un nouvel éclat à l'illustration de nos drapeaux,
en élevant à la plus haute dignité militaire celui

qui l'a conduite à la victoire. Déplorant du fond de mon cœur la perte de tous les braves que cette victoire nous a coûtés, et surtout celle du brave général en chef qui nous a été enlevé, c'est une consolation pour moi de pouvoir récompenser ainsi vos longs et bons services et la part glorieuse que vous avez prise à tant de combats et à tant de sièges. Le ministre de la guerre vous adresse votre nomination, et je charge le capitaine de la Salle, un de mes officiers d'ordonnance, de vous remettre de ma part le bâton de maréchal de France.

En vous chargeant, mon cher maréchal, d'être mon interprète auprès de l'armée d'Afrique et de lui annoncer les récompenses que je suis si heureux d'accorder, il m'est bien doux de trouver le nom du duc de Nemours parmi ceux que vous signalez, comme ayant eu une part principale au succès de nos armes, et je remercie la Providence qui me l'a conservé au milieu de tant de dangers, d'avoir permis que mon second fils ait, comme son frère aîné et comme moi, le bonheur d'avoir été associé aux travaux de nos braves soldats et aux glorieux services qu'ils ont dans tous les temps rendus à la patrie.

Recevez, mon cher maréchal, l'assurance de tous les sentiments que vous méritez si bien de ma part et que je vous garderai toujours.

Votre affectionné, Louis Philippe.

Par ordonnance du roi du 11 novembre, M. le lieutenant général comte Valée est élevé à la dignité de maréchal de France.

Le roi, par diverses ordonnances rendues le 11 novembre courant, sur la proposition du ministre de la guerre, a promu les officiers-généraux ci-après désignés, qui ont pris part à l'expédition de Constantine, savoir :

(Ces promotions sont conformes aux demandes faites par M. le général en chef comte Valée).

État major-général.

Au grade de lieutenant-général :

S. A. R. Mgr le duc de Nemours.

MM. les maréchaux-de-camp Trézel, commandant une brigade de l'expédition ; Rulhière, commandant une brigade de l'expédition.

On vient de recevoir des nouvelles de M. le duc de Nemours. Le prince a parcouru les divers points de la régence, Stora, la Calle, Bougie, avant de se rendre à Alger. Il partira ensuite pour Bone, d'où il s'embarquera pour la France.

Marseille prépare une brillante réception au prince. S. A. R. est attendue à Paris le 8 décembre. Le prince, dit-on, est très-satisfait de ce qu'il a vu dans ses explorations, et Stora a été pour lui l'objet d'observations pleines d'intérêt. Suivant ce qu'on rapporte, l'opinion du duc de Nemours serait que tous les efforts du gouvernement doivent tendre à attirer à Stora et à Constantine le centre du mouvement commercial de la colonie, et à favoriser l'établissement des Européens dans cette partie de la régence, beaucoup plus favorable à la colonisation que le massif d'Alger.

Extrait du discours de S. M. le roi des Français, à la rentrée des chambres, le 18 décembre 1837.

« En Afrique, notre attente a été remplie. Le drapeau français flotte sur les murs de Constantine. Si la victoire a plus fait quelquefois pour la France, jamais elle n'a élevé plus haut la gloire et l'honneur de ses armes. Mon fils, le duc de Nemours, a pris la part qui lui revenait dans le péril. Son jeune frère a voulu le rejoindre et s'associer à cette communauté de travaux et de dangers, qui identifie depuis longtemps mes fils avec l'armée. Leur sang appartient à la France, comme celui de tous ses enfants. (Bravos prolongés, cris de *Vive le Roi!*)

En adressant au ciel des actions de grâce pour la protection qu'il a accordée à nos armes, j'ai à déplorer avec vous la perte de tant de braves, morts au champ d'honneur. La patrie entoure leurs cercueils de ses regrets, de sa reconnaissance. Elle a ratifié d'avance tout ce que j'ai ordonné pour satisfaire à la douleur publique et acquitter la France envers ses héroïques soutiens. Un projet de loi vous sera présenté pour donner à la veuve et aux enfants du brave général Damrémont un témoignage de la gratitude nationale. J'ai élevé à la première dignité de l'armée le vieux guerrier qui l'a remplacé, et qui n'a rien vu, disait-il, dans sa longue carrière, que nos jeunes soldats ne viennent d'égaler.

Dans l'est de l'Algérie, comme dans l'ouest, j'ai voulu la paix. Mais l'opiniâtreté du bey, qui commandait à Constantine, nous a obligés à prouver une fois de plus aux indigènes de nos possessions d'Afrique, qu'ils devaient renoncer à nous résister. Dans l'ouest, une convention a été conclue, dont les conditions s'ex.... fidèlement, et ont déjà d'heureux résu.... ....

Par ordonnance en date du 1er dé .... M. le maréchal comte Valée a été nommé gouverneur-général des possessions françaises dans le nord de l'Afrique.

AFRIQUE.

Oran, 21 novembre 1837.

Ordre du jour que le général Bugeaud a adressé à la division le 9 de ce mois:

« Tous les corps en Afrique doivent s'occuper de culture, tant pour améliorer le sort du

soldat que pour concourir à la colonisation ;
mais ceux qui sont destinés à y rester doivent
travailler d'une manière plus spéciale et plus
large. Ils ne sauraient trop s'empresser de mettre la main à l'œuvre.

» Ainsi, les zouaves et les spahis devront dès
à présent commencer à mettre en rapport les
terrains qui leur ont été assignés. La culture
pour eux doit avoir un autre caractère que pour
les corps qui ne sont que passagèrement en
Afrique. Ils planteront des arbres, tels que mû-
riers, figuiers', oliviers, abricotiers, etc., etc.
Ils pourront se livrer à des travaux d'avenir,
comme creuser des puits, faire des conduits
d'eau; enfin, bâtir des maisons.

» T̃os spahis ont pour garnison Miserghine,
. . . nt destinés à former un beau village.
. . . seront réunis en entier le plus tôt
. . . ossible. Ils peuvent faire là une culture admirable, qui réunira le jardinage, les
troupeaux et les céréales en grand.

» Les officiers et soldats pourront y bâtir
des maisons. Les conditions et avantages qui seront attachés à la propriété bâtie aux frais des
militaires seront réglés plus tard par un arrêté. »

Sans discuter toutes les graves questions qui
se rattachent à celle de Constantine, il est bon
de ne pas taire que le dernier bey de Tunis avait
réitéré les ouvertures qui furent faites en 1831

81

au maréchal Clauzel par l'intermédiaire de M. de Lesseps, et qu'il offrait de maintenir la tranquillité et les communications libres et sûres dans toute la province où il se reconnaîtrait vassal de la France, moyennant un tribut de 200 mille piastres d'Espagne.

Au surplus, quoiqu'on puisse décider sur la forme du gouvernement à donner à Constantine, il est évident qu'on ne parviendra point à la rendre solide, si l'on n'a au moins un allié sûr dans la régence de Tunis, et que si l'influence française n'y est pas prépondérante, la colonie pourra incessamment être compromise.

DE LONDRES.

L'entrée des troupes françaises à Constantine, est un événement militaire dont nous apprécions l'importance; il prouve que chez cette nation aventureuse, l'esprit militaire n'est pas éteint.

Il faut convenir que la politique du gouvernement français est heureuse et habile. Les événements ont tourné à son profit et il a su les exploiter à propos. Ce n'a pas été pour lui une difficulté médiocre que de prévaloir, après 7 ans de luttes, contre deux partis puissants qui s'attaquaient à son principe; il lui a fallu se garder de l'écueil de l'exagération et satisfaire cependant les exigences de l'opinion. A force de constance et d'énergie, il a réussi à contenir les idées révolutionnaires en les dirigeant: ce ré-

sultat inattendu est l'œuvre de la politique de
Louis-Philippe qui affermit de jour en jour davantage sa dynastie; grâce à ses efforts, la
France jouit d'une prospérité commerciale à laquelle elle n'avait point été habituée; les passions les plus ardentes se modifient, les oppositions capitulent, faute d'avoir pù prendre
racine dans le pays, et cette nation qu'on nous
représentait comme volcanisée par les théories
populaires, vient de terminer ses élections gé-
nérales, sans qu'aucun grave désordre public
ait pù être signalé. Il faut dire aussi que les dernières mesures adoptées par le gouvernement
de ce pays, l'amnistie entre autres, ont puissam-
ment contribué à ce retour de l'opinion; sans
parler de la grande popularité qui s'est attachée
au triomphe de Constantine et aux deux jeunes
princes qui y ont pris part.

Depuis que toutes ces choses se sont
passées, les tribus arabes du Beylic, de
Constantine et celles des environs de Bone
et de Stora paraissent ne s'être aucunement
montrées hostiles envers les troupes françaises; et l'on peut en citer pour preuve,
les marches qu'ont faites quelques détache-
ments à travers le pays, en toute sûreté et
sans éprouver aucun obstacle.

La conduite d'Abd-el-Kader avait naguère donné quelque inquiétude, et déjà l'on parlait d'une nouvelle expédition contre cet émir; mais quoique l'on doive généralement surveiller tout ce qu'il fait et ne compter sur son exactitude à observer les conditions du traité qu'il a conclu, qu'autant qu'il verra qu'on a la force de l'y contraindre, il semble qu'en envoyant à Paris un de ses agents chargé d'offrir des présents à S. M. le roi Philippe, il témoigne le désir de s'en tenir à l'état de choses actuel.

On peut dès lors espérer que la colonisation de l'Algérie fera des progrès et que peu à peu la population française s'accroissant dans le pays, ce sera pour la France et son gouvernement une garantie naturelle de la conservation de cette conquête, au sujet de laquelle il ne semble pas depuis longtemps que se soient élevées de nouvelles réclamations au sein du parlement de la Grande Bretagne.

FIN.